xiangzhangshu wenku

香樟树文库

国家自然科学基金项目（71003023）“基于群落生态学的高校科技创新系统演化机理、识别与调控研究”资助
国家自然科学基金项目（71073107）“FDI在所嵌入产业集群中的知识转移和溢出效应研究”资助
江苏省社科基金项目（12EYC009）“创新型城市评价研究”资助

中国制造业效率的测度及时空演化研究

赵增耀　沈能 著

苏州大学出版社

图书在版编目(CIP)数据

中国制造业效率的测度及时空演化研究 / 赵增耀，沈能著. —苏州：苏州大学出版社，2015.3
国家自然科学基金　江苏省社会科学基金
ISBN 978-7-5672-1127-8

Ⅰ. ①中… Ⅱ. ①赵… ②沈… Ⅲ. ①制造工业—研究—中国 Ⅳ. ①F426.4

中国版本图书馆 CIP 数据核字(2015)第 063070 号

中国制造业效率的测度及时空演化研究
赵增耀　沈　能　著
责任编辑　薛华强

苏州大学出版社出版发行
(地址：苏州市十梓街 1 号　邮编：215006)
苏州工业园区美柯乐制版印务有限责任公司印装
(地址：苏州工业园区娄葑镇东兴路 7-1 号　邮编：215021)

开本 700 mm×1 000 mm　1/16　印张 11　字数 192 千
2015 年 3 月第 1 版　2015 年 3 月第 1 次印刷
ISBN 978-7-5672-1127-8　定价：29.00 元

苏州大学版图书若有印装错误，本社负责调换
苏州大学出版社营销部　电话：0512-65225020
苏州大学出版社网址　http://www.sudapress.com

前言

制造业问题一直是产业经济学、技术经济学、区域经济学、新经济增长理论、投资理论等相关经济学领域最近二十多年来的重要研究对象。世界经济发展的趋势表明，制造业是一个国家和地区经济发展的基石，是增强国家和地区竞争力的基础，也是决定国家在经济全球化进程中国际分工地位的关键因素。同时效率问题也是产业和企业运行面对的基本问题，一个产业（企业）要保持持续的竞争优势，就必须认真地解决效率问题。理论与实践告诉我们，衡量经济体制孰优孰劣、企业孰强孰弱的最终标准是其投入-产出的效率。改革开放以来，我国制造业实现了高速发展，目前成为全球最大的制造业大国，伴随着国际市场竞争日益激烈，我国制造业面临着新的挑战，突出表现在产业技术水平落后、产业资源配置不合理、微观企业运行效率低下等问题。因此，制造业的效率评价问题已成为我国制造业发展研究的基础性问题。然而绝大多数文献都是从定性的角度研究制造业，或从总量和规模的角度评价制造业水平，而从效率角度对制造业增长的研究还比较缺乏。2009 年 5 月 14 日，国务院发布了《关于支持福建省加快建设海峡西岸经济区的若干意见》，表明海峡西岸经济区发展战略已从区域战略上升为国家战略。在这份文件中，中央明确提出海峡西岸经济区的战略定位之一是"东部沿海地区先进制造业的重要基地"。因此，笔者选择"制造业"作为研究对象，采用了定性分析与定量分析相结合，规范分析与实证分析相结合的研究方法，运用产业经济学、技术经济学和区域经济学等理论，从时间和空间维度探讨制造业效率变化及其规律问题，试图探讨制造业的生产率、技术进步贡献状况、技术效率、规模效率以及考虑环境因素的生产率等问题，并对制造业生产率及效率的时空差异及其影响因素进行分析，寻求中国制造业效率的提升路径，并以海峡西岸经济区制造业发展为例进行实证分析。本研究结果对加快我国制造业以及海峡西岸经济区制造业的发展具有重要的现实意义和政策参考价值。

目录

第1章 导论

1.1 选题背景及意义

1.1.1 国际背景

世界经济发展的趋势表明，制造业是一个国家和地区经济发展的基石，是增强国家和地区竞争力的基础，也是决定国家在经济全球化进程中国际分工地位的关键因素。制造业是最为庞大的产业体系，是国民经济中发展最完善、分工最严密、专业化程度最高的产业群，是国民经济发展中的支柱产业。18世纪第一次工业革命以来的工业化进程无不依赖着制造业的支持和拉动。没有发达的制造业，就无法实现农业、工业、国防和科学技术等产业的现代化。近几年来，先进的制造业技术不仅创造了更先进的生产方式和更高的生产效率，而且也正在对传统的制造业进行着系统的改造。历史经验表明，发达制造业是一个国家经济现代化的重要标志之一。在过去的20世纪中，是制造业给美国、日本和欧洲带来了巨大的经济发展和市场繁荣。世界经济发展的历史表明，第三产业将会吸纳越来越多的劳动力，但是制造业仍然是解决就业矛盾的一个重要领域，而且制造业的发展水平直接关系到第三产业的发展。21世纪制造业不仅保持着巨大的吸收劳动力的能力，而且随着生产效率的提高，对劳动者素质的要求也会越来越高。制造业不仅是高新技术的载体，而且也是高新技术发展的动力。先进的制造业在推动社会生产力空前发展的同时，也创造了崭新的工业文明，促进了人的全面发展。

1.1.2 国内环境

经济全球化和科技的迅猛发展，使全球产业结构面临重大调整。在国际新一轮产业结构调整中，发达国家的制造业大举向中国转移，中国正在成为世界制造业中心。改革开放以来，中国经济始终保持全球领先的增长率。1978年到2012年的30多年间，GDP年均增长10%。经济高速增长的背后是飞速发展的中国制造业。1978年，中国工业增加值只有1 607亿元，而到2012年，工业增加值已经达到199 670亿元，占整个国内生产总值的37.7%。制造业大国地位初步确立，中国在全球制造业排行榜上已经全球第一，制造业已成为中国经济持续快速增长的主要推动力。然而，在国际金融危机的冲击下，中国制造业的外部总需求量迅速减少，其发展面临着严峻的挑战，出现了近30年来少有的困难局面。中国政府审时度势，适时推出了十大产业振兴规划，以应对当前危机，保持经济增长。在国家已经出台的十大产业振兴规划当中，除了物流业外，其余九大产业全都属于制造业，由此可见制造业对维护经济社会稳定具有重要作用。

党的十六大明确提出推进产业结构优化升级，用高新技术和先进适用技术改造传统产业，大力发展制造业的国民经济发展战略。制造业特别是先进制造业的发展在我国已经成为社会经济发展中的大浪潮。此外，中国正处于工业化的中期阶段，正加快推进工业化进程。在这一时期，如果制定和实施有力措施，使制造业持续、健康、快速地发展，将会带动国民经济进入一个相当长的高速增长期。这是一个非常难得的发展机遇。要抓住这个机遇，前提就是要有一个强大的、不断发展的制造业。世界各国经济发展的经验也表明，在工业化中期，制造业扮演着不可替代的角色。没有制造业的强力支撑，任何国家都不可能完成从经济落后的农业国向工业发达国家的转变。中国要实现工业化，制造业的加快发展是关键。

2006年6月，国务院发布《国务院关于加快振兴装备制造业的若干意见》。大力振兴装备制造业，是党的十六大提出的一项重要任务，是树立和落实科学发展观，走新型工业化道路，实现国民经济可持续发展的战略举措。该《意见》明确了加快振兴装备制造业的目标：到2010年，发展一批有较强竞争力的大型装备制造企业集团，增强具有自主知识产权重大技术装备的制造能力，基本满足能源、交通、原材料等领域及国防建设的需要。依靠区域优势，发挥产业集聚效应，形成若干具有特色和知名品牌的装备制造集中地。建设和完善一批具有国际先进水平的国家级重大技术装备工程中心，初步建立以企业为主体的技术创新体系。逐渐形成重大技术装备、高新技术产业装备、基础装备、一般机械装备等专业化合理分工、相互促进、协调发展的产业格局。2009年2月4日，国务院总理温家宝主持召开国务院常务会议，审议并原则通过《纺织工业和装备制造业调整振兴规划》。该《规划》指出，我国已成为装备制造业大国，但产业大而不强、自主创新能力薄弱、基础制造水平落后、低水平重复建设、自主创新产品推广应用困难等问题依然突出；并提出装备制造业调整和振兴的四项基本原则，即坚持装备自动化与重点建设工程相结合，坚持自主开发与引进消化吸收相结合，坚持发展整机与提高基础配套水平相结合，坚持发展企业集团与扶持专业化企业。

中国制造业工业经过五十多年的发展，已建成较完整的体系，市场机制建设取得重大进展。然而，由于制造业是资金密集、技术密集型产业，产业组织经济规模起点要求高，进入壁垒和退出壁垒都较高，长期以来被视为不易也不宜走向市场的产业，使得中国制造业市场化进程落后于市场经济的发展，资源和价格受到管制，产业准入受到严格限制。与其他制造业大国比，我国制造业面临后备资源紧张、企业平均规模小、企业布局分散、企业经济效益差、总体技术水平不高、创新能力弱、产品路线单一、环境污染严重等一系列问题的困扰，可持续发展受到严重阻碍。如何尽快、妥善地解决这些问题，使我国制造业早日驶入持续、稳定、协调的良性轨道，在国际竞争中立于不败之地，已成为目前十分迫切的任务。

1.1.3 省域背景

改革开放以来，福建省经济快速发展，综合实力大大提升。2012 年，福建省地区生产总值达到 19 701 亿元，比上年增长了 11.4%。其中，工业继续保持快速发展的势头，工业增加值达到 86 744 亿元，比上年增长了 14.2%；规模以上制造业增加值 7 856 亿元，比上年增长了 15.2%，占规模以上工业增加值的 89.6%，占地区生产总值的 36.7%。制造业已经成为推动福建经济持续快速发展的主导力量。具体数据如图 1-1 所示。

2009 年 5 月 14 日，国务院发布了《关于支持福建省加快建设海峡西岸经济区的若干意见》(后面简称《意见》)。这是中央立足战略全局和长远发展做出的一项重大决策，表明海峡西岸经济区发展战略已从区域战略上升为国家战略，标志着海峡西岸经济区建设站在了新的起点上。它为海峡西岸经济区建设描绘了宏伟蓝图，为加快福建发展指明了方向，使福建能够站在全国区域经济布局和经济全球化的高度来谋求新的发展，拥有更广阔的发展空间。在这份文件中，中央明确提出海峡西岸经济区的战略定位之一是“东部沿海地区先进制造业的重要基地”。

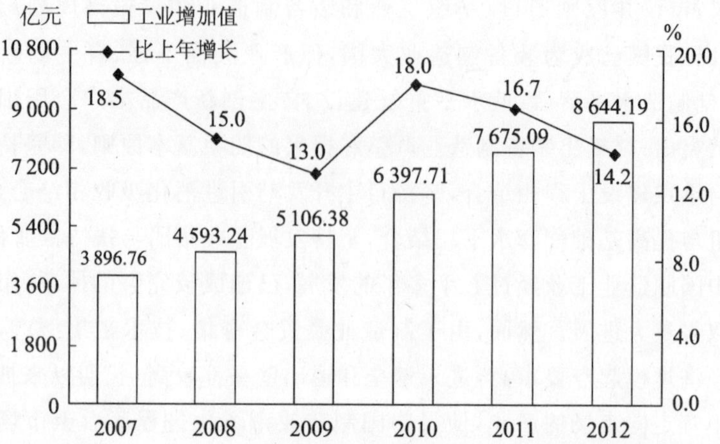

图 1-1　2007—2012 年福建省全部工业增加值和增长速度

当前，福建已经形成了电子信息、石油化工、机械装备三大主导产业，并且纺织服装鞋帽、建材、冶金、林产、食品等行业具有明显的竞争优势，但总的来说，福建制造业的发展水平与发达国家相比还有很大差距，甚至与江苏、浙江、广东等发达省市相比都还有一定的距离，制造业整体素质和综合竞争力亟待提高。为贯彻落实国务院的支持意见，福建省委、省政府明确提出要将提升产业发展水平、培育大企业大集团、培育发展产业集群和产业基地等作为加快东部沿海先进制造业基地的实施建设意见。可以说，打造东南沿海先进制造业基地，是福建省紧紧抓住世界制造业战略重组、国家大力发展制造业、中央大力支持海峡西岸建设、海峡两岸关系出现积极变化带来的战略机遇，提升制造业整体素质、促进经济发展方式转变、增强跨省区之间经济合作、加强海峡两岸经济合作的客观要求，是福建省实现区域经济可持续发展的重要发展战略，具有非常重要的战略意义。

效率问题是经济运行和企业运行面对的基本问题，一个经济体要想做到健康和可持续的发展，一个企业要想保持持续的竞争优势，就必须认真地解决效率问题。理论与实践告诉我们，衡量经济体制孰优孰劣、企业孰强孰弱的最终标准是其投入-产出的效率。高效率的经济体制必将取代低效率的经济体制，高效率的企业也必将战胜低效率的企业。因此，制造业的效率评价问题已成为我国制造业发展的基础性问题。为了衡量整个产业经济效益以及加强企业竞争力，效率也越来越被政府及企业所重视。因此，笔者选择“制造业”作为研究对象，运用产业经济学、技术经济学和区域经济学等理论探讨制造业增长状况及规律。在此基础上，从区域空间维度探讨制造业效率问题，试图探讨制造业的生产率、技术进步贡献状况、技术效率、规模效率等问题，并对制造业生产率及效率的区域差异的关系进行分析，而且还将探讨制造业生产率变化的影响因素，寻求制造业效率的提升路径，对加快我国制造业以及福建省制造业的发展具有重要的现实意义和政策参考价值。

1.2 国内外研究现状

1.2.1 国外研究

西方发达国家非常重视制造业在国内的作用和在国际上的竞争力。美国的制造业曾经领先于世界，但是近20年来已在不少领域落伍。为了重新振兴制造业，美国近年来采取了不少有关制造业的战略措施。随着知识经济时代的来临，美国开始研究适合本国制造业发展的措施，在此领域做了较多的研究，尤其是在装备制造业的自动化领域做了深入的研究。

1991年美国里海大学在综合研究和总结美国制造业的现状和潜力后，发表了具有划时代意义的《21世纪制造企业发展战略》的报告，提出了敏捷制造和虚拟企业等新概念，其核心观点是要利用美国在技术上的优势，夺回制造业的世界领先地位。

1996年，以美国麻省理工学院为首联合几十家大学和研究机构，有500多位专家、学者参与，通过对几百家企业的调查研究，提交了一份名为“Re-seize Produce Advantage Decline and Countermeasure of America Manufacturing”的研究报告，才使美国重新对制造业，特别是对装备制造业的地位和作用有了更高的认识。

1999年，纽约大学Shina教授在“Concurrent Engineering and Design for Manufacturing of Electronics Products”一文中，着重指出了未来发展电子元器件制造业所要采纳的设计技术，以及此类技术的应用前景。同年，美国麻省理工学院发表了《改变世界的机器》的著名研究报告，提出以改革企业生产管理为特点的“精益生产”模式。

Sajid Anwar和Mingli Zheng(2004)分析了政府对研发的资助导致三种产业的发展：机械装备产业、电力设备产业和运输装备产业，指出政府的研发投资波动对装备制造业的发展有很大的影响；Rosario Crino(2005)对波兰、匈牙利、捷克斯洛伐克的制造业部门在1993—2001年间的表现进行了分析，对制造业劳动力技术构成、由技术原因引起的收入结构的变化，以及贸易流动进行了重新定位；Lee (2005)研究指出了技术转型与经济增长有着密切的联系，目前的经济增长很大成分来源于信息技术，但由于投资失衡，尤其在装备制造业上对经济有着很大的冲击。

欧洲由于各国制造业发展的不平衡，对于制造业的研究主要针对自己国家内的优势行业，如德国的汽车、机床，英国的数控设备等。德国政府为迎接制造业面临的一系列挑战，组织企业和科研机构就“21 世纪的制造业”、“组织开发和新产品制造”等热门话题进行对话和讨论。20 世纪 90 年代初，组织工业界、科技界和政府机构 100 多名专家、学者就 21 世纪德国制造业发展战略进行了广泛而深入的研究，在此基础上出台了《制造技术 2000 框架方案》。

日本针对制造业发展的法案进行了大量的研究，在此基础之上，日本制定了许多振兴制造业的法案，为日本制造业进入先进水平起了重要的作用。日本产业绩效委员会等专家研究形成的《日本制造》(1990)一书指出：“制造业作为国家工业核心基础这一重要性，即使 21 世纪也不会下降。”

1.2.2 国内研究

1.2.2.1 制造业研究

关于发展制造业的重要性，诸多学者均有论述。吴庆庆(2006)认为，振兴我国制造业的重大意义在于，制造业是我国国民经济的主导产业和工业经济的主体，是保持国民经济健康快速发展的基石；制造业是典型的资金、技术密集型产业，它所特有的巨大产业关联效应不仅可以实现工业结构的调整升级，还可以向其他关联产业提供技术设备，最终带动整个产业结构的全面升级；装备制造业是保障国家经济发展和军事安全的战略性产业，发展装备制造业是维护国家主权和经济发展的迫切需要。

就我国制造业的现状，陆燕荪(2007)指出，新中国成立 50 多年来，制造业确实取得了骄人的成就，具备了相当的规模，建立了一整套门类齐全和具有一定水平的产业体系，尤其是“十五”期间制造业有了快速增长，目前我国制造业工业增加值居世界第四位，仅低于美国、日本和德国。尽管如此，王家青、高全杰(2006)认为，我国制造业还存在着不容忽视的问题：总体水平不高，国民经济建设和高技术产业所需装备依赖进口，条块分割以及地方和部门保护严重，民营企业比重过小。宋艳(2005)认为，我国制造业存在的问题，一是产品进出口逆差大，近些年来，在全社会固定资产投资中，设备投资中的2/3依赖进口，同一类型、同等规模的设备多次重复进口，数量之多、国别之广、历史之长、耗资之巨，在世界上实属罕见；二是集成电路芯片是国民经济各部门所用装备的心脏，而目前我国集成电路芯片主要依赖进口，“芯”完全受制于人，对于一个谋求自主发展的主权国家的安全来说是十分危险的；三是制造业的企业开工不足，相当部分企业闲置，大批职工下岗，造成社会不稳定。制约我国制造业发展的主要因素有：体制、机制问题，这是最关键的因素；企业组织结构散乱；技术创新能力薄弱，缺乏发展后劲；等等。

关于制造业发展战略和对策建议，潘凤湖等(2003)提出，要用15年的时间，使我国成为世界上重要的制造和供应基地，成为制造业强国。为此，在发展战略上要“面上跟进，点上突破；发展中场，加强成套；接纳转移，重视创新”。在对策上，要制定振兴制造业专项计划，形成若干各有特色的制造业集中地，提高自主创新能力，大力发展中场产业，提高重大装备的成套能力，大力发展和应用先进技术。宋艳(2005)还提出要深化税制改革，用税收杠杆振兴制造业；扩大政府采购规模，鼓励企业使用国产设备；制定有利于产业结构升级和可持续发展的政策；采取有效措施解决人才危机与教育危机等。王家青、高全杰(2006)在发展我国制造业可供选择的策略上，提出要利用敏捷制造系统(AMS)的原理对企业进行重组，利用计算机集成制造系统(CMS)技术实现现代化管理，加速产品设计队伍的重建，增强产品设计能力，实施品牌战略，加大政府的扶持力度等。王德海(2004)通过分析认为，制造企业标准化工作做得好坏，直接影响到企业的市场竞争能力和生存地位，因此要加强制造企业的标准化建设。刘铁男(2007)认为，要认真贯彻落实《国务院关于加快振兴装备制造业的若干意见》文件精神，以16项重点装备领域为主攻方向，继续深入开展重大技术装备国产化工作，积极支持高效能节能减排装备产品的研制和推广应用，完善行业发展环境，扶持企业做大做强，努力构建以企业为主体的自主创新体系，加快结构调整，积极为推广使用国家设备创造条件，完善振兴装备制造业的协调工作机制。

1.2.2.2　区域制造业研究

崔万田(2005)对中国制造业的三大基地进行了比较分析，认为中国制造业发展的根本出路在于创新，特别是制度创新。制造业的下一步发展应从宏观到微观进行系统的制度创新，特别是要为制造企业提供更加适宜的发展环境，政府亦应为此提供系统的制度供给和政策安排。同时，更大范围、更深程度的开放，是中国制造业发展的重要动力。吴铮争、吴殿廷、冯小杰(2007)以统计数据为基础,通过与长江三角洲、珠江三角洲的对比,揭示了东北装备制造业的现状、特征和未来势态,剖析了东北装备制造业相对衰退的原因,提出了振兴东北装备制造业的政策建议。王玉、孙慧、吴昌南(2005)对长江三角洲装备制造业54个子行业资源配置状态进行了实证分析,根据长江三角洲装备制造业在内部结构和能力上客观存在的不平衡性和强互补性,提出了长江三角洲装备制造业产业区带概念和构建长江三角洲装备制造业产业区带的设想。陶良虎(2006)从制造业和产业竞争力有关理论研究出发,在客观分析和准确把握湖北制造业现状和市场前景的基础上,提出了湖北制造业竞争力提升的整体思路,包括指导原则、产业定位、发展战略及其重点和相应的对策建议。针对湖北制造业大而不强的问题及其原因,陶良虎、张翼(2007)提出了在开放中实现湖北制造业的整合,以产业间、地区间、产业内部各企业间以及官、产、学、研间的开放,促进湖北装备制造业的整合。张庆宝(2007)认为,天津滨海新区的开发开放纳入了国家发展战略,其产业布局需要更加注重发挥区域经济的辐射和带动作用。而发展制造业既是天津滨海新区新形势下的历史使命,又是发挥产业优势、带动环渤海地区合作和产业升级的必然途径。孙伟(2004)认为,被称为"动力之乡"的黑龙江省是我国的老工业基地之一,在振兴东北老工业基地中把黑龙江省建成装备制造业基地是一项战略任务,应该着力解决尚存的上下游企业分割管理、资金不足、配套能力不强等问题,形成强大的装备制造业集群,提升装备制造业的整体实力。对山东制造业的发展,姜绍华(2007)认为,提升制造业,需要立足山东实际,把握重点,强化技术创新,推动结构调整,加大资本投入,实行有效的宏观调控。单超等(2007)指出,辽宁是我国主要的装备制造基地,曾被称为"共和国的装备部",装备制造业一直是辽宁传统的优势产业,其成套装备产品研发、制造能力居国内领先水平,重型装备产品在国内处于不可替代的地位,在装备制造业的八大产业领域中,基础装备、成套装备、交通运输设备都有较强的竞争力。但是也存在着突出的问题:历史包袱重,体制机制障碍突出;尚未形成良性循环机制;产业分工体系不合理,集群化程度不高;工程总承包能力弱,面临国际国内市场激烈竞争的双重压力。就辽宁装备制造业存在的问题,王菲、孟娟(2006)指出以下几点:产业进入壁垒较高,非国有经济进入难度大,装备制造业的主体是国有企业,所有制结构单一;由于体制和机制原因,产业缺乏活力;有装备成套的生产基础,却没有装备成套的突出优势;设备利用率低,自主研发薄弱,产品市场竞争力弱；人才流失和技术断档现象十分严重。赵忠华（2007）则是从发展新兴制造业与振兴辽宁老工业基地的关系上，对辽宁新兴制造业的特点和现状进行阐述，论述了其意义，提出了相应的对策，得出的研究结论是：将制造业与科学技术有机地结合起来，实现制造业和科学技术的共同发展，是新兴制造业发展的必然趋势。

1.2.2.3 产业效率研究

关于产业效率度量有很多方法，其中通过建立投入和产出之间的关系函数来衡量评价对象规模经济的投入产出法得到了较为广泛的应用。在运用投入产出法进行实证研究时，首先要根据行业特点对评价对象的投入和产出做出界定，然后将这些投入和产出纳入生产或成本模型来检验评价对象的效率。柯布-道格拉斯（Cobb-Dauglas）生产函数是投入产出法中比较有代表性的测度规模效率的工具。通过产业中不同企业的投入产出指标数据，建立柯布-道格拉斯（Cobb-Dauglas）生产函数，按照上述评判标准，可以确定产业的规模经济效率状况。傅道臣（1994）指出规模经济问题的研究应以产业的经济规模研究为基础，用产业经济规模来指导新上项目，或是未达到经济规模的企业通过改造、扩建等形式逼近经济规模，从而使产业获得规模经济收益，认为产业经济规模的测度和评价应以企业数据为基础，从单位成本函数分析入手。施蔚、杨加猛、佘光辉（2007）以企业为样本，基于柯布-道格拉斯（Cobb-Dauglas）生产函数模型对江苏省木材加工产业的规模效率状况进行了评价。

Fan（1991）通过运用随机前沿函数模型对中国农业的研究表明，1965—1985 年期间，中国农业的技术效率呈现出一种快速提高的趋势。同样以中国农业为例，Kalirajan（1996）则运用可变系数前沿生产函数模型对技术效率问题进行了研究，结果显示，1970—1978 年中国农业的技术效率整体上处于一种停滞状态，1978—1984 年技术效率提升明显，但 1984—1987 年又出现了下降趋势。朱顺林（2005）提出产业综合技术效率概念，所谓产业组合（Industrial Group）是相对于单个区域的某一产业而言的，它是由全国各个区域的同一产业组合构成，并将其分解为综合纯技术效率、综合规模效率和区际技术效率，通过测算区际分割对化学工业的产业效率损失，发现与 2002 年相比较，我国 2003 年化学工业产业的区际技术效率损失有所下降。赵自芳、史晋川（2006）以 1999—2005 年全国 30 个省（市区）的制造业样本，运用 DEA 方法对要素市场扭曲导致的技术效率损失进行了实证分析，结果表明，考察期内产业组合的技术效率存在不同程度的损失现象，认为产业组合效率可以分解为各个地区内的产业纯技术效率、规模效率和产业结构效率，其中后两种因素是要素市场扭曲的产物，二者的乘积就是要素市场扭曲导致的效率损失。即把全国所有地区的该产业进行加总组合成为一个代表该产业全国总体技术效率水平的“虚拟产业”，而且只要各个区域产业的加总集合是一个凸集(Convex Set)，那么代表全国的“虚拟产业”便会与一个假想的地区的技术效率相等。这个假想的地区以全国平均的投入数量生产了全国平均的产出，即满足 $\overline{X}=\frac{\sum x_i}{N}=\frac{\sum y_i}{N}$，那么，全国的产业综合技术效率 $T(\overline{X},\overline{Y})=\max\{\theta(\overline{X},\theta\overline{Y})\in T_p\}$ 或 $T(\overline{X},\overline{Y})=\min\{\theta(\overline{X},\theta\overline{Y})\in T_p\}$。

目前，一些学者已从不同角度运用 SFA 和 DEA 方法对行业运行效率进行了实证研究。如 Wu Yanrui (1996)使用基于截面数据的 SFA 方法对 1988 年中国 87 家钢铁公司的运行效率进行了研究，主要探讨钢铁行业的运行效率与公司年限、规模、所有制、资本数量、投资结构、信用等级、激励机制、外部经济环境等因素之间的联系。此外，孔翔、Rorbert E. Marks 和万广华(1999)，涂正革、肖耿(2005)等人运用 SFA 方法研究了行业运行效率问题。

何维达、刘满凤(2005)运用时间序列加总数据的 DEA 方法对我国 2001—2010 年汽车行业运行效率进行了实证分析。王艺明(2003)从生产效率的角度，应用数据包络法分析各高新区的技术效率、规模效率和规模报酬状态，并分析环境因素对高新区生产效率的影响。Jinlong Ma 和 David G. Evans 等(2002)利用中国占钢铁产业产出 72%的 88 个企业 1989—1997 年的数据为样本，测算了其技术效率和 Malmquist 生产率指数。John Cubbin(2005)研究了英格兰、威尔士和苏格兰水产业的效率衡量在规制中的应用。Kang H. Park 和 William L. Weber(2006)采用带方向的技术距离函数估计了 1992—2002 年韩国银行的非效率和生产率变化。Malcolm bbott (2006)分析过去 30 年澳大利亚供电业的效率变化，来评估改革对供电产业的生产率和效率提升的贡献程度，采用 DEA 的 Malmquist 方法估计了供电产业全要素生产率。Heru Margono 和 Subhash C. Sharma(2006)采用随机前沿模型研究了印度尼西亚 1993—2000 年的制造业的全要素生产率和技术效率，并分析了非效率的决定因素。Michio Watanabe 和 Katsuya Tanaka(2007)用带方向的产出距离函数方法估计了中国工业 1994—2002 年省级的效率指标，结果表明省级产业结构对效率水平有着显著影响。而姚洋(1998,2001)、刘小玄(2000)等则对所有制和技术效率的关系进行了研究,他们一致认为,非国有经济比国有经济具有更高的技术效率,市场分割是影响技术效率的重要因素。

综上,本研究对制造业效率的国内外研究进行了较为全面的回顾与评述。首先介绍了制造业的核心理论并进行了简要的评述,对制造业理论历史演进、制造业发展政策、制造业竞争力以及目前我国制造业存在的问题等方面的典型经验研究进行了较为全面的回顾并进行了简单的评价;然后对产业效率相关理论进行了回顾,分别对技术效率及技术效率测算方法进行了介绍;随后对微观、中观和宏观层面的技术效率的实证研究进行了较为系统的回顾与评述。近十年来,对制造业发展问题的研究成果十分丰富,但主要集中在关于制造业竞争力、制造业创新能力、制造业发展战略以及制造业企业管理等方面,而从效率的角度来研究制造业发展问题的,目前还相当少。中国对制造业的研究主要是考察制造业存在问题,而对中国制造业的实证研究仍然不多。部分实证研究文献也仅对影响中国制造业效率的基本因素作了粗略的考察,使用的研究技术和数据处理都存在明显缺陷。鉴于此,有必要对制造业的生产率与效率问题进行研究,这对于制造业的发展和制造业效率的研究,都不无借鉴意义。

因此,本研究确定从效率理论的角度,对制造业的要素生产率、各区域和省份的效率以及变化趋势进行实证研究,对制造业效率的区域差异的关系问题进行探讨,并基于现有的数据选择了若干指标分析影响制造业生产率增长的因素,并试图就研究所得出的基本结论,提出促进制造业发展的政策含义,为有关政府部门在制定制造业发展政策和企业在改善经营决策时提供参考。

1.3 研究方法

(1) 查阅文献。通过文献检索、阅读和分析,深入了解国内外与本研究相关的效率及制造业的研究现状,并与本研究背景进行比较分析。以此为基础,形成具体的研究思路、概念模型和研究假设。

(2) 理论研究与经验实证相结合的方法。理论研究方法指从经济事实的分析与归纳中,概括出一些基本的理论假设作为逻辑分析的起点,在此基础上进行逻辑演绎,推导出一些结论;经验实证方法则是运用大量的数据资料,对理论所得出的结论进行经验检验的过程。在本研究的中心问题,即制造业效率的影响因素及关联性方面，采用此方法，一方面提出影响制造业效率的假说，另一方面采用历史数据对其进行实证检验。

（3）静态分析与动态分析相结合的方法。静态分析是在分析经济变量之间的相互作用时，不考虑时间的作用，也不考虑过去事件对当前和未来事件的影响。动态分析则要求在分析经济变量之间的相互作用时，把时间作用考虑进去。本研究在从动态的角度测算我国制造业生产率变动及其构成的基础上，进行了历史的纵向比较、区域和行业的横向比较分析。

（4）系统综合与系统分析相结合。在效率促进我国制造业发展的路径选择、机制设计和对策建议中，遵循系统综合与系统分析结合，系统综合为主、系统分析为辅的方法论原则，始终着眼于提高效率以促进我国制造业发展的整体设计。

第2章

中国制造业创新效率的多维溢出

2.1 问题的提出

随着技术创新活动从传统的线性、封闭性特征向非线性、网络化、开放性、全球化的特征转变,传统以线性和链式为主的技术创新模式已经向以多元创新主体合作为基础的协同创新模式转变。协同创新模式日益受到学术界和政策制定者的关注,被认为是创新型国家(地区)培育创新竞争力的一种新型的组织和创新过程。Romer(1994)认为技术外溢是实现报酬递增、生产率提升和经济增长的重要源泉。尽管外溢的知识具有某种公共产权的特性,从而不可避免地导致“搭便车”行为的发生,但是,各国创新实践表明,“个体理性与集体非最优”的冲突并不是不可调和的,创新的“锁定效应”不但没有出现,反而使创新的溢出效应进一步强化。协同创新本质上关注的是不同创新主体之间的技术溢出问题,是新形势下创新外溢理论的深入拓展和创新政策的现实依据。

一般来讲,当前关于创新外溢的文献多是沿着以下两条思路展开:其一,Arrow(1962)最早阐明了知识的积累过程及其经济含义,Romer(1986,1990)在此基础上将知识作为独立要素引入生产函数,建立了知识溢出的内生增长模型考察创新溢出问题,研究主要集中于大学和科研机构对企业创新外溢的研究和企业间创新外溢的研究,使用的是 Griliches-Jaffe 知识生产函数分析知识生产与溢出。Jaffe.(1993)和 Ffitscha(2004)研究发现,大学和科研机构的知识创新对企业的产品创新产生了显著的溢出效应;关于企业间创新溢出方面,大部分文献集中在 FDI 技术溢出和产业集群内部的模仿性创新(Segerstrom,1991),研究表明不论是跨国公司对本土企业还是产业集群(产业链)的内部技术溢出都是普遍存在的。以往文献主要关注的是创新价值链上的单一路径（“学研”向“产”的创新外溢）或同类组织（企业之间）内部的创新溢出问题，忽视了创新价值链上的反馈路径和循环效应，对于产业（企业）创新是否可以激发大学和科研机构创新关注不够。实际上，随着协同创新战略的推进，创新价值链上不同创新环节之间的互动和溢出趋势愈发明显。现实当中，一个比较明显的特征是，大学与科研机构创新活跃的地区往往集中在东部沿海发达地区，那么中国东部沿海地区大学和研究机构的创新绩效是否得益于本地企业创新活动，是否存在企业向大学的逆向溢出，价值链前后反馈机制的发生需要面临哪些条件等问题需要我们进一步验证和解释。其二是由 Paul Krugman(1991)在 20 世纪 90 年代重新阐释的“新经济地理(New Economic Geography)”。目前知识溢出的研究对象主要针对的是微观企业和宏观区域。由于外部性的存在，微观企业的创新投入和产出之间并无直接的因果关系，将企业作为创新溢出的研究对象并不合适(Audretsch and Fdldman,2004)。由于企业创新产出很大程度上取决于外部总体经济活动，创新溢出研究对象针对城市和区域等较广的范围更有意义。随着空间经济学的发展和空间计量工具的应用，学者们开始关注地理空间范围内的创新溢出问题，考察区域范围内知识的空间分布特征和溢出机制。有的研究甚至测度出了这种创新外溢的地理距(Keller,2002;符淼,2009;Ponds,2010)。以上创新溢出的两条路径（空间溢出和价值链溢出）往往是并行考察的。虽然余泳泽(2013)将空间溢出和价值链溢出同时纳入创新效率分析模型中，但一方面，创新价值链不同阶段创新效率评价的主从关系需要加以界定，另一方面，空间溢出强度的空间距离规律也需要进一步考察。那么，我们需要思考的是为什么一些经济发达地区如长三角地区的产学研价值链协同创新要比东北地区甚至环渤海地区更活跃？创新价值链溢出是否和特定的空间有联系？如果有联系，那么当前所谓的大经济区概念，诸如泛珠三角联盟的成立以及长三角城市联盟的扩容是否能取得预期的成效？要回答这些问题，我们可能需要从多维度深入考察区域协同创新的溢出问题。为此，我们拟在以下方面进行拓展。第一，考虑到创新价值链不同阶段的主从关系，笔者构建了两阶段非合作博弈的制造业创新效率评价方法，对中国（区域）制造业知识创新效率、产品创新效率及整体创新效率进行测算；第二，将创新空间溢出和价值链溢出纳入统一的协同创新分析框架中，综合采用多种空间计量模型检验中国制造业创新效率的空间外溢效应和价值链外溢效应，并进一步考察溢出强度与地理距离之间的变化规律，为中国协同创新战略的政策制定提供启示和参考。

2.2 非合作博弈两阶段创新效率评价

2.2.1 模型设计

传统效率研究大多把生产系统视为一个黑盒子，普遍忽略了生产过程中从投入至产出之间的过程。Färe 与 Grosskopf (1996)将生产系统视为一个网络，这个网络包括了投入、中间财以及产出三个部分，中间财即隐含了从投入至产出中间的过程概念。Sexton 与 Lewis (2003) 进一步拓展了传统 DEA 方法，将决策单元分解为前后衔接的两个子阶段，将中间财纳入 DEA 分析框架中，以考察不同阶段的生产效率，即二阶段(Two-Stage) DEA。该模型在不断修订并加以实证应用。

然而以上两阶段效率模型假设各阶段的生产行为不会互相影响，因而独立求解各阶段的生产效率。但这样的假设似乎不大合乎实际情况，事实上决策单元会根据预计的最终产出产量来决定中间产出的产量，因此各生产阶段并不是全然独立，于是 Chen and Zhu(2004)以及 Kao and Hwang(2008)各自提出将各阶段联立求解效率值的模型。Chen and Zhu(2004)采用包络形式(Envelopment Form)模型，假设决策单元第一阶段的生产行为为投入导向，而第二阶段为产出导向。Kao and Hwang (2008) 则采用乘数形式(Multiplier Form)，假设两个阶段皆为产出导向。进一步，Liang et al. (2008) 将博弈的思想纳入 DEA 模型中，提出了合作 (cooperative) 博弈和非合作 (non-cooperative) 博弈的二阶段 DEA 模型。其中非合作(non-cooperative)博弈又称为史塔贝克模型(Stackelberg model)。史塔贝克模型假设市场上有制造商和零售商，其中制造商为领导者(leader)，零售商为跟随者(follower)，因此，制造商会先决定极大化自身的效率，之后零售商在制造商的效率下，再来追求自身的效率。合作(cooperative)模型则是假设制造商与零售商具有相同的议价能力(bargaining power)，先共同合作来获取最大的整体效率之后，再各别计算双方本身最大的效率。就创新系统而言，一方面，创新价值链不同环节有可能互相溢出，大学和科研院所的知识创新存在向企业的知识溢出，同时企业的产品创新也有可能反向作用于大学知识创新活动；另一方面，企业是创新的主体这一观点也达成共识，即第二阶段的产品创新是地方政府最重视的经营绩效，所以我们假设创新价值链符合经典的非合作博弈两阶段问题，即第二阶段(产品创新)为领导者,第一阶段(知识创新)则为跟随者。借鉴非合作博弈的思想(卞亦文,2012),首先对处于主导地位的子系统(产品创新)B来说,其效率评价模型为:

$$\begin{aligned}&\max \frac{\mu_A^{\mathrm{T}} Y_{Ak}+v_A^{\mathrm{T}} \bar{P}_{Ak}}{\omega_A^{\mathrm{T}} X_{Ak}}=\mathrm{e}_k^A\\&s.t\quad \frac{\mu_A^{\mathrm{T}} Y_{Aj}+v_A^{\mathrm{T}} \bar{P}_{Aj}}{\omega_A^{\mathrm{T}} X_{Aj}}\leqslant 1, j=1,2,\cdots,n\\&\mu_A^{\mathrm{T}},\omega_A^{\mathrm{T}},v_A^{\mathrm{T}}\geqslant 0\end{aligned}\tag{1}$$

模型(1)在评价子系统B的效率时,最大化其期望产出,并最小化其投入。模型(1)可转化为下列等价的线性规划模型:

$$\begin{aligned}&\max \mu_A^{\mathrm{T}} Y_{Ak}+v_A^{\mathrm{T}} \bar{P}_{Ak}=\mathrm{e}_k^A\\&s.t\quad \mu_A^{\mathrm{T}} Y_{Aj}+v_A^{\mathrm{T}} \bar{P}_{Aj}-\omega_A^{\mathrm{T}} X_{Aj}\leqslant 0, j=1,2,\cdots,n\\&\omega_A^{\mathrm{T}} X_{Ak}=1\\&\mu_A^{\mathrm{T}},\omega_A^{\mathrm{T}},v_A^{\mathrm{T}}\geqslant 0\end{aligned}\tag{2}$$

由于产品创新子系统B在整个创新系统中处于主导地位,知识创新子系统A处于从属地位,在评价子系统A的效率时,必须保证B的效率值不变,为此,基于模型(2),假设 e_k^{B*} 为子系统B的效率值(最优解),将 e_k^{B*} 作为约束引入子系统A的效率评价模型中;另外,$\bar{P}_{Bk}$ 是子系统B的投入及子系统A的产出,此时子系统A中 $\bar{P}_{Ak}$ 的权重设置必须参考其在子系统B中的权重设置,不妨 $w_B^{\mathrm{T}}=Qv_A^{\mathrm{T}}(Q\geqslant 0)$。基于这些约束条件,可得到子系统A的效率评价模型

$$\begin{aligned}&\max \mathrm{e}_k^B=\frac{\mu_B^{\mathrm{T}} Y_{Bk}+v_B^{\mathrm{T}} \bar{P}_{Bk}}{\omega_B^{\mathrm{T}} X_{Bk}+Qv_A^{\mathrm{T}} \bar{P}_{Ak}}\\&s.t.\quad \frac{\mu_B^{\mathrm{T}} Y_{Bj}+v_B^{\mathrm{T}} \bar{P}_{Bj}}{\omega_B^{\mathrm{T}} X_{Bj}+Qv_A^{\mathrm{T}} \bar{P}_{Aj}}\leqslant 1, j=1,2,\cdots,n\\&\mu_A^{\mathrm{T}} Y_{Ak}+v_A^{\mathrm{T}} \bar{P}_{Ak}=\mathrm{e}_k^{A*}\\&\mu_A^{\mathrm{T}} Y_{Aj}+v_A^{\mathrm{T}} \bar{P}_{Aj}-\omega_A^{\mathrm{T}} X_{Aj}\leqslant 0, j=1,2,\cdots n\\&\omega_A^{\mathrm{T}} X_{Ak}=1\\&\mu_A^{\mathrm{T}},\omega_A^{\mathrm{T}},v_A^{\mathrm{T}}\geqslant 0\end{aligned}\tag{3}$$

在假设子系统B效率不变的情况下,得以保证子系统A效率的最大化,进一步可以转化为下列模型:

$$\max e_k^B=\frac{\frac{1}{Q}\mu_B^{\mathrm{T}}Y_{Bk}+\frac{1}{Q}v_B^{\mathrm{T}}\bar{P}_{Bk}}{\frac{1}{Q}\omega_B^{\mathrm{T}}X_{Bk}+v_A^{\mathrm{T}}\bar{P}_{Ak}}$$

$$\begin{aligned} s.t.\quad & \frac{\frac{1}{Q}\mu_B^{\mathrm{T}}Y_{Bj}+\frac{1}{Q}v_B^{\mathrm{T}}\bar{P}_{Bj}}{\frac{1}{Q}\omega_B^{\mathrm{T}}X_{Bj}+v_A^{\mathrm{T}}\bar{P}_{Aj}}\leqslant 1, j=1,2,\cdots,n \\ & \mu_A^{\mathrm{T}}Y_{Ak}+v_A^{\mathrm{T}}\bar{P}_{Ak}=e_k^{A^*} \\ & \mu_A^{\mathrm{T}}Y_{Aj}+v_A^{\mathrm{T}}\bar{P}_{Aj}-\omega_A^{\mathrm{T}}X_{Aj}\leqslant 0, j=1,2,\cdots,n \\ & \omega_A^{\mathrm{T}}X_{Ak}=1 \\ & \mu_A^{\mathrm{T}},\omega_A^{\mathrm{T}},v_A^{\mathrm{T}}\geqslant 0 \end{aligned} \tag{4}$$

令 $\bar{\mu}_B^{\mathrm{T}}=\frac{1}{Q}\mu_B^{\mathrm{T}}$， $\bar{v}_B^{\mathrm{T}}=\frac{1}{Q}v_B^{\mathrm{T}},\bar{\varepsilon}_B^{\mathrm{T}}=\frac{1}{Q}\omega_B^{\mathrm{T}}$，则模型(4)可等价地转化为下列模型：

$$\begin{aligned} & \max e_k^B=\bar{\mu}_B^{\mathrm{T}}Y_{Bk}+\bar{v}_B^{\mathrm{T}}\bar{P}_{Bk} \\ s.t.\quad & \bar{\mu}_B^{\mathrm{T}}Y_{Bj}+\bar{v}_B^{\mathrm{T}}\bar{P}_{Bj}-\bar{\omega}_B^{\mathrm{T}}X_{Bj}-\bar{v}_A^{\mathrm{T}}\bar{P}_{Aj}\leqslant 0, j=1,2,\cdots,n \\ & \bar{\omega}_B^{\mathrm{T}}X_{Bk}+\bar{v}_A^{\mathrm{T}}\bar{P}_{Ak}=1 \\ & \mu_A^{\mathrm{T}}Y_{Ak}+v_A^{\mathrm{T}}\bar{P}_{Ak}=e_k^{A^*} \\ & \mu_A^{\mathrm{T}}Y_{Aj}+v_A^{\mathrm{T}}\bar{P}_{Aj}-\omega_A^{\mathrm{T}}X_{Aj}\leqslant 0, j=1,2,\cdots,n \\ & \omega_A^{\mathrm{T}}X_{Ak}=1 \\ & \mu_A^{\mathrm{T}},\omega_A^{\mathrm{T}},v_A^{\mathrm{T}},\bar{\mu}_B^{\mathrm{T}},\bar{v}_B^{\mathrm{T}},\bar{\omega}_B^{\mathrm{T}}\geqslant 0 \end{aligned} \tag{5}$$

求解模型(5)，即可得到子系统 A 的效率值，同时可以得到系统(决策单元)的各个投入/产出指标的实际权重。进而可计算出系统的效率值。实际上，非合作博弈两阶段 DEA 模型就是基于不同阶段的主从关系，根据整个系统中各投入/产出权重，先计算领导者的效率值然后求解跟随者效率值，进而包括整个系统的创新效率值。

2.2.2 变量选取和数据处理

我们样本涵盖了我国 29 个省、直辖市和自治区(以下简称省区)，不包括西藏和海南和港澳台地区。考虑到我国不同地区经济发展阶段、技术创新能力、资源禀赋的差异，笔者将中国分为东、中、西和东北四个区域对制造业创新效率进行比较研究。本研究的对象是制造业 30 个部门，包括农副食品加工业、食品制造业、饮料制造业、烟草制品业、纺织业、纺织服装鞋帽制造业、皮革毛皮羽绒制品业、木材加工及竹藤棕制品业、家具制造业、造纸及纸制品业、印刷业和记录媒介复制业、文教体育用品制造业、石油炼焦及核燃料加工、化工原料及化学制品制造业、医药制造业、化学纤维制造业、橡胶制品业、塑料制品业、非金属矿物制品业、黑色金属冶炼及压延加工业、有色金属冶炼及压延加工业、金属制品业、通用设备制造业、专用设备制造业、交通运输设备制造业、电气机械及器材制造业、通信设备计算机及其他电子设备制造业、仪器仪表及文化办公用机械制造业、工艺品及其他制造业、废弃资源和废旧材料回收加工业。研究周期为 2000—2012 年，所有数据均来源于《中国科技统计年鉴》和《中国统计年鉴》以及“国研网”宏观经济数据库。创新价值链投入产出示意图如图 2-1 所示。

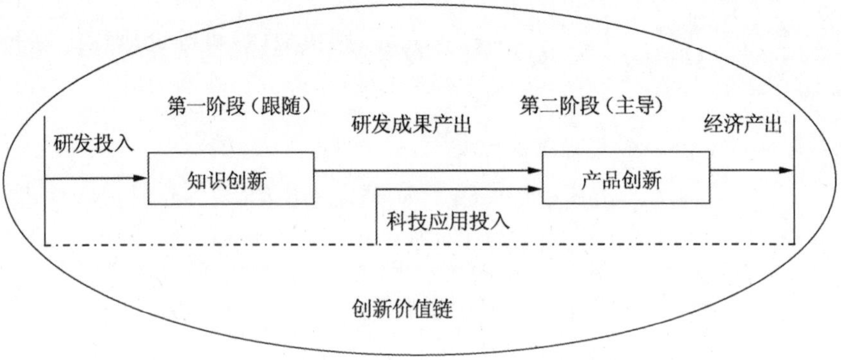

图 2-1　创新价值链两阶段投入产出

知识创新阶段：该阶段是创新价值链的前端，是知识（原始性创新）的生产阶段，其创新主体是高校和科研机构。投入指标选择的是研发人员投入和研发资金投入。其中，研发人员投入指标包括两项，即科学家和工程师人数、R&D 活动人员折合全时当量；研发资金投入也包括两项，分别是 R&D 经费内部支出、购买和引进技术经费。产出指标选择专利申请数和发明专利数。其中，专利申请数体现了创新的规模和程度，发明专利数是创新竞争力的具体表征。

产品创新阶段：该阶段是创新价值链的后端，技术（应用性创新）的生产阶段，其创新主体是企业。投入指标选择的是技术、资金和人员。其中，知识创新阶段取得的成果（专利申请数和专利数）；资金用新产品开发经费、技术改造和消化吸收经费来替代；人员用科技活动人员来替代。产出指标用新产品销售收入和利润总额代替，这些指标体现了创新的商业化运用成果。

我们用 LINGO9.0 软件处理两阶段网络方向距离函数的线性规划问

题，计算中国（区域）创新的整体效率、各阶段效率，评价结果见表 2-1。

表 2-1　中国创新效率的地区差异（2000—2012）

地区	知识创新效率	产品创新效率	整体效率	地区	知识创新效率	产品创新效率	整体效率
北京	0.616	0.356	0.487	河南	0.423	0.334	0.343
天津	0.578	0.365	0.498	湖北	0.423	0.256	0.368
河北	0.534	0.365	0.444	湖南	0.423	0.265	0.355
山东	0.553	0.345	0.524	内蒙古	0.401	0.312	0.325
上海	0.632	0.455	0.612	中部平均	0.367	0.289	0.314
江苏	0.623	0.436	0.543	广西	0.323	0.244	0.298
浙江	0.578	0.416	0.564	重庆	0.384	0.255	0.302
福建	0.585	0.412	0.528	四川	0.4234	0.256	0.332
广东	0.643	0.454	0.588	贵州	0.312	0.214	0.236
东部平均	0.566	0.406	0.524	云南	0.345	0.219	0.256
辽宁	0.555	0.287	0.453	陕西	0.423	0.283	0.312
吉林	0.446	0.253	0.335	甘肃	0.354	0.242	0.289
黑龙江	0.432	0.232	0.312	青海	0.312	0.211	0.265
东北平均	0.485	0.257	0.365	宁夏	0.324	0.192	0.243
安徽	0.334	0.278	0.276	新疆	0.367	0.205	0.297
江西	0.329	0.312	0.274	西部平均	0.361	0.239	0.232
山西	0.356	0.289	0.312	全国平均	0.457	0.313	0.388

（1）表 2-1 给出中国创新效率值。通过各地区、各年份效率值，我们得出 2000 年至 2012 年中国创新整体效率、知识创新效率和产品创新效率的均值分别为 0.388、0.457 和 0.313，无论是整体效率还是各阶段效率，均处于较低水平，具有很大的提升空间。图 2-2 显示，不论是全国整体创新效率还是分阶段创新效率均呈现出先降低后上升的 U 型趋势。此外，中国整体创新效率区域差异较为明显，但差异呈现递减的趋势。（2）中国幅员辽阔，各地区经济发展不平衡，创新效率也可能有所不同。按照传统的行政区划，将中国分为东部、东北、中部和西部四个地区，探索各地区创新效率差异。由表 2-1 可知，四个地区创新效率差异显著。东部地区创新整体效率最高，高于东北、中部地区和西部地区，呈现东部、东北、中部和西部创新效率递减趋势。这与冯尧（2011）的结论类似，但与其他部分学者意见相左，主要原因在于以往研究并未将创新过程分为知识创新和产品两阶段，没有考虑两者之间的关联性和系统的整体性，且考察年份也有所不同，从而导致创新效率测算结果存在一定的偏差。考察期内东部、中部、东北和西部知识创新效率值依次递减，四个地区在技术水

平、研发创新能力方面存在差异。一方面，东部地区利用雄厚的经济实力、较高的人才聚集度以及国家的倾斜政策保证了知识创新效率的提高；另一方面，由于中西部地区长期以来科技基础相对薄弱、研发投入不足、人才资源匮乏以及要素配置不合理，导致知识创新效率一直处于较低水平。全国知识创新效率的提升很大程度上取决于中西部地区知识技术的赶超和跳跃式发展。东部、西部、中部、东北四个地区产品创新效率值依次递减。东部地区得益于优越的地理区位、开放的市场环境、发达的产业基础以及良好的产学研合作基础，在科技成果经济转化方面走在全国的前列；而中西部地区受到体制机制等诸方面的制约，在创新价值链前端向后端转化方面还有待加强。

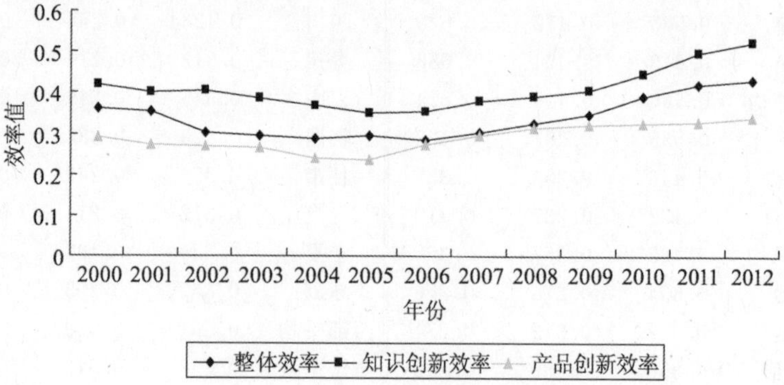

图 2-2　中国创新效率变动趋势

为了考察创新价值链不同环节创新活动是否存在某种关联，笔者利用 Spearman 相关系数检验两种创新效率的关联度。检验结果表明知识创新效率和产品创新效率的相关系数为 0.544，并通过了 1％的显著性水平，说明价值链不同环节的创新活动不是孤立的，知识研发和技术产业化二者虽然存在一定差异，但知识创新和产品创新之间是高度相关的，过于专注于某一个环节不利于整体创新效率的提升。提升知识创新能力表面上是大学、科研院所内部的改革，但内在核心驱动因素仍然在于市场(产品)导向下的协同制度和环境建设。因此，设计一套好的协同创新的政策环境不仅有利于提高知识创新效率和产品创新效率，而且还能实现两者的协同创新。

2.3 区域创新效率多维溢出的模型设定

2.3.1 理论模型

在现实生活中世界各国或地区的创新绩效差异较大。探究其原因，外部性对创新行为（过程）产生了极大的影响。近年来，诸多学者对创新过程以及创新主体进行了分解、细化（余泳泽，2011）。Hansen 和 Birkinshaw (2007)从系统的观点提出了创新价值链的概念，认为创新系统内部是一个多环节、多要素的价值链传递过程，不同环节的互动实现了价值链的溢出效应。除此之外，协同创新不仅表现为价值链不同环节之间的外部性，而且表现为不同创新空间之间的外部性，两种外溢效应（价值链和空间）交织在一起发挥合力的作用。基于以上考虑，笔者在借鉴 Löōfa 和 Heshmatib (2002)及余泳泽(2013)的内生技术能力模型的基础上，设计了测算创新效率不同维度溢出的计量实证模型。

创新价值链环节可以划分为知识创新（K）和产品创新（P）两个阶段。为了模型的简化处理，可以设定创新要素投入与产出具有线性关系。一般对于空间外溢效应的研究普遍采用了空间计量模型（Anselin，1988）。空间计量模型分为空间滞后模型（SLM 模型）和空间误差模型（SEM 模型）。空间误差模型（SEM）侧重于考察解释变量在不同地区中误差冲击的相互影响。由于笔者分析的是特定渠道下的空间溢出效应，借鉴 Perkins and Neumayer(2008)的思想，笔者采用空间误差模型（SEM）来进行估计。根据上述命题假设，我们实证研究所设定的基础分析模型如下：

命题 1：创新价值链具有前向溢出效应，创新价值链前端（知识创新）会受到创新价值链后端（产品创新）溢出的影响，且不同空间主体之间知识创新也存在溢出效应。

$$K_{it}=\delta WK_{it}+\alpha_1 P_{it}+\alpha_2 WP_{it}+X\beta+\varepsilon \quad \varepsilon=\lambda W\varepsilon+\mu \tag{6}$$

命题 2：创新价值链具有后向溢出效应，创新价值链后端（产品创新）会受到创新价值链前端（知识创新）溢出的影响，且不同空间主体之间产品创新也存在溢出效应。

$$P_{it}=\delta WP_{it}+\alpha_1 K_{it}+\alpha_2 WK_{it}+X\beta+\varepsilon\varepsilon=\lambda W\varepsilon+\mu \tag{7}$$

以上模型中 Kit、Pit 和 X 分别表示知识创新效率、产品创新效率和影响知识（产品）创新效率的其他因素，α_1 和 α_2 分别表示创新的价值链溢出效应，ε 为随机误差项向量，λ 为空间误差系数，μ 为随机误差向量，且正态分布。

以上命题体现了创新活动的多维溢出效应（价值链外溢效应和空间外溢效应）。一方面，知识创新产出为技术转化提供了成果基础，同时市场导向下的创新活动通过增进投入和资源优化配置机制正向作用于知识创新环节，通过前向反馈效应提升了知识创新效率，而这种效率改进又通过价值链溢出效应后向作用于产品创新效率；另一方面，不同空间创新主体具有地理依赖性，不同空间的创新要素相互影响、相互作用，使得创新行为在地理上的扩散和集聚，体现出创新效率的空间溢出效应。而且，创新价值链的外溢效应还在空间外溢效应的作用下得到强化，形成了创新效率提升的空间外溢和价值链外溢的协同效应。

2.3.2 实证分析

2.3.2.1 空间相关分析

回归模型是否需要进行空间分析，取决于创新效率在地理空间上的相关性和依赖性。笔者采用全局 Moran's I 指数来检验我国创新效率空间分布是否存在相关特征，计算公式为：

$$\text{Moran's I} = \frac{\sum_{i=1}^{n}\sum_{j=1}^{n} W_{ij}(Y_i - \bar{Y})(Y_j - \bar{Y})}{S^2 \sum_{i=1}^{n}\sum_{j=1}^{n} W_{ij}} \tag{8}$$

其中，$S^2 = \frac{1}{n}\sum_{i=1}^{n}(Y_i - \bar{Y})$，$\bar{Y} = \frac{1}{n}\sum_{i=1}^{n} Y_i$，$Y_i$ 和 Y_j 分别表示地区 i 和 j 创新效率值的观测值，n 为地区数，W 为空间权矩阵。以往文献一般认为相邻的地区之间才会有相关性，即计算空间权矩阵 W 采用的是地理邻接概念。然而现实中空间关联规律是，地理相邻不是空间关联的必要条件，但是，地理距离和空间联系负相关，随着地理距离的扩大，地区间的相关程度开始减弱。鉴于此，笔者将省会城市之间的直线距离的倒数作为空间权矩阵 W 中元素的取值依据。

表 2-2 首先给出了 2000—2012 年中国整体创新效率 Moran's I 指数的计算及检验值。表 2-2 的结果显示，创新活动的地理空间效应对地区创新效率起着不可忽视的作用，对于地域广袤的中国来说，确实存在着按地域间距离有规律变动的空间相关性。随着区域间距离的增加，空间相关的 Moran's I 指数逐渐下降。表明在一定的地理空间范围内，中国创新效率表现出较强的空间正相关性，随着地理距离的扩大，创新效率空间正相关性减

弱，尤其是两地空间距离超过 2 500 公里时，Moran's I 指数由正变负，然而伴随概率 P 值不显著。这一特征贯穿了 2000—2012 年的 13 个年份。从纵向来看，随着时间的推移，中国创新效率的空间相关性呈现逐年递增的趋势。如按 0～500 公里的带宽计算，2000 年的 Moran's I 指数值为 0.225，而到 2012 年增加至 0.341；而按 0～2 000 公里的带宽计算，Moran's I 指数值则由 0.057 增加到 0.178。其他带宽范围也显示出同样的特征。

表 2-2　中国创新效率的空间相关性

年份	距离	(0～500)	(0～1 000)	(0～1 500)	(0～2 000)	(0～2 500)	(0～3 000)
2000	*I*	0.225	0.185	0.157	0.057	−0.047	−0.060
	P−*value*	0.068	0.008	0.004	0.034	0.154	0.254
2001	*I*	0.235	0.201	0.187	0.067	−0.025	−0.007
	P−*value*	0.058	0.007	0.004	0.032	0.147	0.247
2002	*I*	0.251	0.224	0.205	0.078	−0.008	−0.024
	P−*value*	0.059	0.004	0.002	0.024	0.087	0.204
2003	*I*	0.265	0.218	0.165	0.057	−0.007	−0.004
	P−*value*	0.047	0.002	0.001	0.028	0.068	0.214
2004	*I*	0.277	0.247	0.188	0.066	−0.014	−0.005
	P−*value*	0.035	0.003	0.000	0.017	0.057	0.178
2005	*I*	0.290	0.257	0.201	0.074	−0.014	−0.035
	P−*value*	0.025	0.001	0.000	0.014	0.065	0.168
2006	*I*	0.297	0.254	0.221	0.157	0.054	−0.035
	P−*value*	0.027	0.000	0.001	0.014	0.067	0.147
2007	*I*	0.302	0.258	0.180	0.157	0.087	−0.004
	P−*value*	0.018	0.000	0.000	0.009	0.054	0.140
2008	*I*	0.317	0.258	0.177	0.121	0.054	−0.007
	P−*value*	0.018	0.002	0.000	0.005	0.060	0.110
2009	*I*	0.319	0.257	0.167	0.068	−0.006	−0.025
	P−*value*	0.015	0.000	0.000	0.010	0.047	0.098
2010	*I*	0.325	0.264	0.201	0.127	0.047	−0.018
	P−*value*	0.012	0.000	0.002	0.004	0.039	0.087
2011	*I*	0.330	0.287	0.205	0.147	0.101	−0.006
	P−*value*	0.015	0.000	0.000	0.003	0.044	0.081
2012	*I*	0.341	0.301	0.257	0.178	0.154	−0.014
	P−*value*	0.014	0.000	0.000	0.003	0.039	0.068

2.3.2.2　空间权重矩阵的构建

(1) 空间邻接权重矩阵。空间邻接权重矩阵考虑的是不同空间单元之间的地理邻接与否，可以表示为：

$$Wit=\begin{cases}1,\text{当区域 } i \text{ 和区域 } j \text{ 相邻,空间相关} \\ 0,\text{当区域 } i \text{ 和区域 } j \text{ 不相邻,空间不相关}\end{cases} \quad (i\neq j)$$

式中,$i=1,2,\cdots,n;j=1,2,\cdots,m$。

(2) 地理距离空间权重矩阵。技术扩散不仅发生在相邻地区之间,还可以在更远的空间单元之间发生联系。地理距离空间权重矩阵是假定空间单元的地理距离决定二者的关联程度。依据地理距离标准,$W_{ij}=\begin{cases}1/d^2 \, i\neq j \\ 0 \, i=j\end{cases}$,其中 d 为省会城市之间的直线距离。

(3) 人力资本距离权重矩阵。本地创新活动很大程度上取决于人才的地区流动性和知识扩散性。人力资本空间权重矩阵表示为:

$$W_3=W_d\operatorname{diag}\left(\frac{\overline{H}_1}{\overline{H}},\frac{\overline{H}_2}{\overline{H}},\cdots,\frac{\overline{H}_n}{\overline{H}}\right) \tag{9}$$

其中,$\overline{H}_i=1/(t_0-t_1+2)\sum_{t_o}^{t_1}H_{it}$,$\overline{H}=1/(t_0-t_1+1)\sum_{t=1}^{n}\sum_{t_0}^{t_1}H_{it}$。$W_d$ 为地理距离空间权重矩阵,$\overline{H}_i$ 为第 i 地区人力资本存量,$\overline{H}$ 为总人力资本存量,t 为时间。考虑到人力资本与人才素质正相关,笔者用每 100 万人在校大学生作为人力资本代理指标。

2.3.3 变量设计与指标选取

以往实证研究假定创新效率(活动)不存在调整的滞后效应。但实际上,一方面,部分影响创新效率的因素,尤其是人力资本、研发投入、FDI 等具有存量因素特征的变量调整无法瞬时完成;另一方面,创新效率对于这些变量的敏感度也会决定滞后效应的大小。因此,我们基于局部调整思路将创新效率的滞后效应纳入回归模型,如式(10)所示:

$$IE_{it}^{*}=\theta+sV_{it}+\delta_{it} \tag{10}$$

其中,IE^* 表示预期最优的创新效率期望值,V 为解释变量所组成的向量,s 为其系数向量,θ 为常数项,δ 为随机扰动项。

(10)式表明解释变量的当期水平影响创新效率的期望值。按照局部调整模型假设:由于技术、市场等内外部条件的约束,创新效率的期望值无法短期内调整到位,即存在如下关系:

$$IE_{it}-IE_{i,i-1}=(1-\lambda)(IE_{it}^{*}-IE_{i,t-1}) \tag{11}$$

其中,$1-\lambda(0<\lambda<1)$ 为实际创新效率向期望创新效率的调整系数,其值越大说明调整速度越快。将(11)式带入(10)式可推出(12)式:

$$IE_{it}=\theta^{*}+\lambda IE_{i,t-1}+s^{*}V_{it}+\delta_{it}^{*} \quad (12)$$

其中，$\theta^{*}=(1-\lambda)\theta, s^{*}=(1-\lambda)s, \delta^{*}=(1-\lambda)\delta$。$s^{*}$ 和 s 分别反映解释变量 V 对创新效率的短期和长期影响；λ 表示滞后乘数，考察前一期创新效率对当期创新效率的作用。

(12)式即为我们假说检验所采取的动态面板回归模型，根据前文假说思路并参考相关文献，我们对控制变量 X 做出如下选择：

对于不同阶段的创新活动，影响创新效率的外部环境变量也不尽相同。笔者认为，对于知识创新环节来说，知识创新活动主要集中在高校和科研院所，基础性的创新研究较少受制于市场环境的影响，因此影响知识创新效率的控制变量主要包括国家（地区）宏观环境（政府扶持力度、高等教育投入、公民受教育水平等）；价值链因素（产学研合作程度）；自身因素（人均经费、创新投入的偏向性）。产品创新阶段，在技术创新产业化环节更多受制于市场环境的影响，控制变量主要包括地区宏观因素（经济发展水平、金融支持力度、市场化水平、产业结构）；价值链（产学研合作程度）；自身因素（经费支持、企业规模、国外技术引进、引进技术消化吸收、创新投入的偏向性）。

政府扶持力度(GOVE)：以科技经费筹集中政府投入所占比重表示；受教育水平(EDUA)采用平均受教育年限来表示，计算方法采用了陈钊等(2004)提供的方法；高等教育投入(HIGH)采用高等教育投入占教育总投入比重来衡量；经济发展水平(GDP)采用一个地区人均 GDP 来度量；金融支持力度(FINA)使用各地区研发经费来源中金融机构贷款占比水平；市场化水平(MAR)采用中国各地区市场化进程相对指数（樊纲，2005）；企业规模变量(SCAL)采用各地区企业的平均产出规模；国外技术引进变量(INTR)采用国外技术引进经费占 R&D 经费的比重；引进技术消化吸收力度(ABSO)采用技术消化吸收支出与技术引进费用的比例来衡量。对于不同阶段的人均经费，我们用基础研究的人均 R&D 经费和应用研究的人均 R&D 经费来度量。

产学研合作程度(COOP)是影响创新效率的一个重要因素。创新主体从自身的比较优势出发，形成创新合作联盟，通过协同创新获得各自所需的资源，进而提高区域创新效率（Audretsch and Feldman，1996；Santoro，2002；Toshihiro，2008）。在变量处理上，由于知识创新的主体为高校，所以我们选择高校和科研院所科研经费中企业投入的比重来衡量知识创新的产学研合作强度。在产品创新阶段，企业是产品创新的主体，所以笔者选择企业研发经费支出中对高校和科研机构的支出比重来反映产品创新的产学研合作强度。

我们认为在创新各阶段创新投入的偏向性(BIAS)也会影响创新效率。所谓的创新投入的偏向性，是指R&D经费支出是偏向设备采购、实验室建设等资本性投入还是偏向劳务费、奖励奖金等劳动力投入。这种创新投入的偏向性可能对各阶段创新效率的影响会有所不同。在变量处理上，两个阶段创新的投入偏向性分别采用高校和科研机构以及企业R&D经费中资产性支出比重予以度量，用以衡量资本偏向性创新投入对创新效率的影响。

对于空间面板模型检验，传统最小二乘法(OLS)估计会产生系数估计值有偏或无效，我们拟采用极大似然法(MLE)进行模型估计。而且空间面板文献大多采用了固定效应模型(何江等，2006；王火根等，2007；吴拥政等，2009)。为此，我们使用空间固定效应模型。同时又根据对空间效应和时间效应的不同控制方法，进一步细分为四种模型，分别是无固定效应(*nonF*)、空间固定效应(*sF*)、时间固定效应(*tF*)、既有空间又有时间固定效应(*stF*)，估计结果见表2-3。

对于知识创新效率模型拟合效果，三种空间权重矩阵模型中空间固定效应更符合客观实际，模型空间项参数(λ)估计值通过了1%显著性水平，说明我国知识创新效率具有明显的空间依赖特征，即表明若不考虑创新活动的空间依赖性可能会导致创新效率模型估计结果出现偏差。而且本地区对相邻地区的创新效率冲击更多体现出整体区域结构性特征，即假设误差冲击，这种差异构成了地区结构性差异，比如我国经济发展的不平衡、创新中资源禀赋差异以及包括一些未纳入模型中的其他因素。我们比较关注的是，实证结果显示产品创新效率对于知识创新效率没有明显的驱动作用，创新价值链后端(产品创新)尚未形成对前端(知识创新)的逆向反馈机制。这一结论与余泳泽(2013)的观点不一致，一个可能的原因在于对创新阶段的划分界定有差异。这种逆向反馈机制之所以缺失，重要的原因在于我国高校和科研院所是相对独立地完成各自的科研工作，忽视了对市场产品的关注，没有很好地实现互动。创新投入的资产偏向性为负，并且通过了显著性检验，说明知识创新阶段中，不同性质的资产其重要性是有差异的，过多地投入到有形资产，或忽视人力资本等无形资产会抑制知识创新效率的提升。

从知识创新效率模型实证结论来看，所有空间权重矩阵模型均表明我国产品创新效率具有明显的空间依赖特征。值得关注的是，知识创新效率

表 2-3 知识创新外溢效应实证结果

模型 变量	邻接空间权重矩阵				地理空间权重矩阵				人力资本空间权重矩阵			
	nonF	*sF*	*tF*	*stF*	*nonF*	*sF*	*tF*	*stF*	*nonF*	*sF*	*tF*	*stF*
GOVE	0.112*	0.087*	0.120**	0.212***	0.256**	0.254**	0.276***	0.312***	0.264*	0.278**	0.217**	0.342**
EDUA	0.146**	0.188**	0.213**	0.294***	0.222**	0.178***	0.213**	0.259***	0.187*	0.224**	0.217***	0.249***
HIGH	0.122**	0.176**	0.169***	0.152***	0.226***	0.250***	0.264***	0.217***	0.234*	0.276**	0.245***	0.276***
R&D	0.228**	0.322***	0.268***	0.318***	0.180**	0.223**	0.265***	0.264***	0.231*	0.230**	0.223**	0.265***
COOP	0.134*	0.113*	0.076*	0.088***	0.053*	0.055**	0.060**	0.043*	0.082*	0.062***	0.078*	0.063***
BIAS	−0.064*	−0.065*	−0.059**	−0.067**	−0.073*	−0.079**	−0.072**	−0.075*	−0.059*	−0.065*	−0.069*	−0.060***
EK_{i-1}	0.157*	0.112*	0.120**	0.149***	0.212*	0.190*	0.176*	0.169*	0.190*	0.213**	0.234**	0.216***
PE	0.069	0.054	0.056	0.045*	0.022	0.032	0.024*	0.032*	0.043	0.526	0.048*	0.052**
W*PE	0.213	0.276	0.222	0.276	0.287	0.235	0.254	0.298	0.248	0.280	0.294	0.213
λ	0.356*	0.389**	0.412**	0.443**	0.459*	0.476*	0.489***	0.522***	0.498*	0.512*	0.515***	0.558***
LogL	−21.021	−41.654	−29.522	−22.760	−24.065	−32.332	−50.342	−54.431	−18.243	−20.643	−11.365	−17.765
R^2	0.5909	0.621	0.623	0.654	0.628	0.645	0.683	0.688	0.665	0.687	0.667	0.709
F	12.243	20.654	19.643	10.543	14.870	20.265	14.354	10.765	23.098	24.071	22.276	32.390

注明：括号内为标准误差，* 表示在 10%水平下显著，** 表示在 5%水平下显著，*** 表示在 1%水平下显著。

显著地提升了产品创新效率，创新价值链中，知识创新对产品创新的后向溢出作用明显。这说明我国产学研合作中，由“研学”方向“产”方的后向传导较为畅通。当前我国企业在产品开发过程中开始关注对于高校和科研院所知识成果的消化吸收，主动寻求技术支持。比如我国企业与高校和科研机构联合建立技术实验室就是一个很好的企业主动向高校和科研院所寻求合作的做法。通过这种价值链后向传导实现了不同创新环节的有效协同。采取资本偏向性创新投入会显著提升产品创新效率。所以，企业在产品开发过程中应加大对有形资产的投资，尤其是中试阶段的设备资产投入，但同时必须关注设备投入的适宜性和针对性。技术引进提升了我国企业产品创新效率，表明我国企业在技术引进基础上实施的模仿性创新战略还是取得了一定的效果，但技术引进后消化吸收费用比重的增加并没有带来产品创新效率的提升，这与技术引进理论及日韩等国的经验不符。可能的原因是我国用于引进技术消化吸收的比例近年虽有增加，但远未达到临界水平以及用于消化吸收的资源配置效率不高，技术引进后的实施效率还有很大的提升空间。企业规模对知识创新效率呈现较为显著的负相关关系，说明现阶段中国高技术产业的企业规模越大，越不利于知识创新效率的提高。这可能是因为知识创新过程涉及研发人员的活动，而体现其规模经济效应之处则更多地偏向于科技成果商业化阶段，这在产品创新效率影响因素检验中得到证实。

考虑到我国不同区域在经济发展水平、科技资源禀赋等方面的差异，有必要按地区进行分组检验，一方面可以根据区域差异提出针对性的政策建议，另一方面可以检验全国整体估计结果的稳健性。考虑到 SEM 是更符合客观实际的选择，笔者同样采用固定效应模型，按东、中、西和东北四大区域分别估计了回归模型（表 2-4）。

表 2-5 和表 2-6 结果显示，知识创新效率溢出和产品创新效率溢出中，四大区域 SEM 模型的 λ 都显著为正，且大于全国整体 λ 检验值，说明相对于全国来说，区域内部创新效率的趋同特征更为显著。由于区域内部均质化程度较高，表现在相似的经济发展水平、资源禀赋和技术能力等方面，导致区域内部创新效率呈现“俱乐部收敛”的趋势。只不过不同地区向不同效率均值收敛。分区域的实证结果显示，经济发达的东部地区，无论是创新的价值链外溢效应还是空间外溢效应比中西部等欠发达地区更显著，这说明经济发达地区创新要素的流动性越大，越能为创新的空间溢出创造良好

表 2-4　产品创新外溢效应实证结果

变量 \ 模型	邻接空间权重矩阵				地理空间权重矩阵				人力资本空间权重矩阵			
	nonF	*sF*	*tF*	*stF*	*nonF*	*sF*	*tF*	*stF*	*nonF*	*sF*	*tF*	*stF*
GDP	0.354*	0.332*	0.334**	0.354***	0.343**	0.360***	0.354***	0.349***	0.312***	0.318***	0.320***	0.343***
MAR	0.089**	0.073**	0.086**	0.067***	0.042**	0.046**	0.053***	0.059**	0.074*	0.065***	0.076***	0.076***
INTR	0.334*	0.324**	0.343***	0.345***	0.376**	0.366**	0.370***	0.376***	0.370*	0.364*	0.365**	0.376***
ABSO	0.144	0.145	0.114	0.142*	0.178	0.188	0.176*	0.187**	0.186	0.187*	0.193*	0.198*
FINA	0.212**	0.194**	0.214**	0.227***	0.235**	0.210***	0.226**	0.239***	0.188*	0.195**	0.179***	0.193***
SCAL	−0.125	−0.134	−0.123***	−0.117***	−0.128***	−0.130***	−0.132***	−0.136***	−0.127*	−0.120***	−0.125***	−0.118***
R&D	0.332***	0.309***	0.340***	0.328***	0.289***	0.314***	0.287***	0.299***	0.314***	0.318***	0.321***	0.336***
BIAS	0.076*	0.074*	0.078**	0.079***	0.087*	0.086***	0.080***	0.084***	0.104*	0.114*	0.121***	0.118***
COOP	0.095*	0.111	0.098	0.093	0.074*	0.076	0.065	0.090*	0.084	0.093	0.088	0.079*
PE_{i-1}	0.265*	0.232**	0.243**	0.234**	0.229*	0.233*	0.227**	0.325**	0.327**	0.344**	0.354**	0.313***
KE	0.121**	0.130**	0.124**	0.10***	0.132*	0.122***	0.140***	0.122****	0.157**	0.149**	0.143***	0.150***
W*KE	0.065*	0.080*	0.092*	0.087**	0.078*	0.089**	0.064**	0.060**	0.065**	0.079***	0.060***	0.061***
λ	0.452*	0.460**	0.445***	0.454***	0.487*	0.435*	0.482**	0.512***	0.497**	0.483**	0.493***	0.522***
LogL	−40.054	−50.054	−37.201	−32.098	−22.564	−35.985	−42.765	−56.676	−24.665	−24.760	−40.132	−12.765
R^2	0.665	0.676	0.654	0.666	0.621	0.612	0.615	0.622	0.621	0.650	0.653	0.645
F	15.223	21.254	22.654	21.543	12.243	11.665	17.354	13.554	22.655	23.665	30.765	21.765

注明：括号内为标准误差，* 表示在 10%水平下显著，** 表示在 5%水平下显著，*** 表示在 1%水平下显著。

表 2-5　中国区域知识创新外溢效应实证结果

地区 / 变量	东部			中部			西部			东北		
	邻接权重矩阵	地理权重矩阵	人力权重矩阵	邻接权重矩阵	地理权重矩阵	人力权重矩阵	邻接权重矩阵	地理权重矩阵	人力权重矩阵	邻接权重矩阵	地理权重矩阵	人力权重矩阵
GOVE	0.315***	0.327***	0.347***	0.250***	0.241***	0.260***	0.210***	0.232***	0.241***	0.204***	0.224***	0.237***
EDUA	0.350***	0.367***	0.314***	0.267***	0.274***	0.223***	0.241***	0.255***	0.218***	0.228***	0.216***	0.217***
HIGH	0.226***	0.257***	0.297***	0.205***	0.216***	0.209***	0.182***	0.196***	0.202***	0.172***	0.180***	0.192***
R&D	0.378***	0.360***	0.377***	0.314***	0.298***	0.290***	0.253***	0.267***	0.268***	0.214***	0.229***	0.227***
COOP	0.159***	0.175**	0.188***	0.121***	0.132**	0.117***	0.102***	0.111**	0.123***	0.085***	0.075**	0.077***
BIAS	−0.058**	−0.062**	−0.074**	−0.054**	−0.060**	−0.066**	−0.047**	−0.041**	−0.0639**	−0.057**	−0.052**	−0.048**
EK_{i-1}	0.157***	0.165**	0.144***	0.174***	0.170**	0.152***	0.155***	0.148**	0.144***	0.142***	0.147**	0.139***
PE	0.098**	0.090**	0.085**	0.075**	0.062**	0.065**	0.051**	0.059**	0.0651**	0.054**	0.057**	0.064**
W* PE	0.125**	0.106**	0.145**	0.101**	0.112**	0.109**	0.085**	0.092**	0.098**	0.064**	0.071**	0.066**
λ	0.782***	0.812***	0.907***	0.547***	0.520***	0.487***	0.352***	0.365***	0.347***	0.302***	0.314***	0.318***
LogL	−28.325	−45.238	−21.254	−18.320	−25.235	−25.027	−14.521	−21.380	−32.038	−22.574	−27.412	−30.325
R^2	0.658	0.666	0.674	0.623	0.651	0.662	0.652	0.641	0.655	0.644	0.635	0.657
F	21.387	14.374	30.304	17.301	19.204	28.338	14.989	28.556	25.110	17.954	20.352	21.132

注明：括号内为标准误差，* 表示在 10%水平下显著，** 表示在 5%水平下显著，*** 表示在 1%水平下显著。

表 2-6 中国区域产品创新外溢效应实证结果

变量＼地区	东部			中部			西部			东北		
	邻接权重矩阵	地理权重矩阵	人力权重矩阵	邻接权重矩阵	地理权重矩阵	人力权重矩阵	邻接权重矩阵	地理权重矩阵	人力权重矩阵	邻接权重矩阵	地理权重矩阵	人力权重矩阵
GDP	0.365***	0.365***	0.365***	0.317***	0.315***	0.315***	0.276***	0.289***	0.287***	0.287***	0.290***	0.290***
MAR	0.121***	0.112***	0.120***	0.076***	0.089***	0.078***	0.055***	0.059***	0.052***	0.050***	0.038***	0.030***
INTR	0.326**	0.314**	0.316***	0.314***	0.327**	0.327**	0.329***	0.315***	0.312*	0.323**	0.319***	0.315***
ABSO	0.198*	0.195**	0.185*	0.212*	0.226**	0.219*	0.234*	0.254**	0.241*	0.214*	0.215**	0.243*
FINA	0.258***	0.264***	0.224**	0.243***	0.210***	0.213**	0.175***	0.169***	0.176**	0.139***	0.145***	0.136**
SCAL	−0.095***	−0.112***	−0.113***	−0.125***	−0.139***	−0.284***	−0.114***	−0.122***	−0.126***	−0.086***	−0.078***	−0.075***
R&D	0.343***	0.312***	0.315***	0.323***	0.365***	0.354***	0.355***	0.365***	0.377***	0.398***	0.394***	0.412***
BIAS	0.075**	0.065**	0.076***	0.070***	0.076*	0.088***	0.076***	0.076***	0.076*	0.090*	0.112***	0.114***
COOP	0.135**	0.143**	0.154**	0.094**	0.086**	0.076**	0.045**	0.055**	0.053**	0.035**	0.036**	0.035**
PE_{i-1}	0.274**	0.276**	0.321***	0.256**	0.254**	0.287***	0.213**	0.224**	0.213***	0.236**	0.254**	0.245***
KE	0.164***	0.167****	0.176***	0.176***	0.165****	0.186***	0.128***	0.135****	0.135***	0.137***	0.135****	0.147***
W*KE	0.144***	0.124**	0.130***	0.113***	0.10128**	0.115***	0.073***	0.057**	0.068***	0.050***	0.054**	0.064***
λ	0.65***	0.645***	0.603***	0.465***	0.476***	0.478***	0.339***	0.323***	0.376***	0.351***	0.354***	0.312***
LogL	−23.743	−43.765	−18.676	−25.665	−39.578	−22.654	−54.098	−49.576	−36.878	−47.098	−43.243	−42.776
R^2	0.665	0.656	0.687	0.667	0.667	0.639	0.665	0.687	0.676	0.687	0.676	0.678
F	22.098	16.065	21.865	21.065	18.134	19.128	22.768	13.987	13.465	28.865	23.476	22.765

注明：括号内为标准误差，* 表示在 10%水平下显著，** 表示在 5%水平下显著，*** 表示在 1%水平下显著。

的外部条件；而经济发达地区内部经济联系越密切，创新价值链各个环节前后向互动机制越能够得到充分发挥。

2.4 创新效率溢出的空间边界

虽然部分学者考虑了创新的空间溢出问题，但是囿于技术方面的原因，尚未考察跨越区域边界及地理距离因素对创新溢出的影响。事实上，创新技术溢出等正外部性无不与地理距离接近密切相关。一方面，技术的传播和扩散往往局限在有限的地理空间范围内，获得技术外溢的成本随地理距离而增加；另一方面，我国生产要素的流动受到了行政分割和地理距离的制约，较短的地理距离有助于强化技术的研发合作和便利共享技术。假设两个省会城市之间的距离区间为$[d_{\min}, d_{\max}]$，将(13)式的空间权重矩阵分别代入模型进行连续回归(既有空间固定又有时间固定效应 SEM 模型)，以考察创新效率溢出的空间地理规律。

$$\{W_d \mid d=d_{\min}, d_{\min}+\tau, d_{\min}+2\tau, \cdots, d_{\max}\} \tag{13}$$

其中，τ为$d_{\min}$到$d_{\max}$的步进距离。

$$W_d=[w_{ij,d}]_{N\times N}\text{为权重矩阵}, w_{ij,d}=\begin{cases} e^{-(d_{ij}/d_{\min})(P_A/P_i)}, \text{当 } d_{ij}\geqslant d \\ 0, \text{当 } d_{ij}<d \end{cases}。$$

设定阈值d的目的是将距离d以内的地区从空间权重矩阵中删去(Halpem and Murakozy, 2007)，以便测算邻近地区间创新效率空间溢出效应和辐射范围。考虑到省会(直辖市)之间最短距离是 112.9 公里，我们的距离阀值从 112.9 公里，每隔 20 公里对环境效率模型进行一次回归，直到 1 100 公里。然后记录每次回归的结果(空间相关系数和t值)。空间相关系数的t值的显著程度都在 1%以上，说明在特定空间范围内空间相关系数是可信的。其中，对于整体创新效率，该曲线大致可以划分为三段，第一段是密集溢出区，距离从 112 公里到 520 公里。空间相关系数基本上在 0.5 以上，表明在该地理区间内，创新效率溢出效应明显，且辐射范围为省内及周边地区。第二段是快速衰减区，距离从 520 公里到 760 公里，空间相关系数下降到 0.15 附近，表明随着地理距离的扩大，创新效率溢出效应迅速衰减。创新效率溢出的减半距离为 600 公里。第三段是随机波动区，地理距离大于 760 公里，空间相关系数在 0.15 附近噪声波动。同理，我们分别对知识创新效率和产品创新效率每隔 20 公里做一次回归。比较整体创新效率和不同阶段创新效率的溢出地理模式，可以发现，整体创新效率溢出的密集距离范围明显大于分阶段创新效率溢出的密集距离范围(知识创新和产品创新效率的密集溢出区的上限分别为380公里、360公里)。究其原因在于，中国产品创新效率区域差异较大，而技术(效率)势差的扩大有利于产品创新效率的空间溢出和扩散。

2.5 对策与建议

基于价值链视角，我们将创新过程分解为上游的知识创新与下游的产品创新两个相互关联的子阶段，针对创新过程两阶段存在主从博弈的问题，构建了两阶段-非合作博弈的创新效率评价方法，对中国(区域)整体创新效率、知识创新效率和产品创新效率进行测算。在此基础上，将创新空间溢出和价值链溢出纳入统一的分析框架中，综合采用多种空间计量模型检验中国创新效率的空间外溢效应和价值链外溢效应，并测算创新溢出的距离强度。

研究结果表明:(1) 从全国测算结果来看，中国整体创新效率、知识创新效率和产品创新效率均处于较低水平，知识创新效率和产品创新效率之间存在显著主从关联，知识创新和产品创新效率相互牵制成为制约中国创新的共同因素。两阶段效率失衡问题明显，产品创新效率明显低于知识创新效率。考察期内全国创新效率呈现先降后升的U型变化趋势。(2) 从分区域结果来看，中国东、中、西、东北地区创新效率差异明显，各阶段创新效率都表现为东部地区要明显高于其他地区，尤其是在产品创新效率上表现更加明显，说明东部地区凭借雄厚的经济实力、独特的地理位置、较高的市场开放度、良好的融资和创业环境以及成熟的产学研合作机制，为研发与成果转化创造了良好的条件，成为中国创新的领跑者。而中西部欠发达地区和东北老工业基地，无论是技术研发，还是成果转化过程中，创新资源存在严重浪费，科技与经济“两张皮”的现象突出。(3) 中国创新价值链具有单向溢出效应，即存在知识创新效率提升能改善产品创新效率的后向溢出效应，产品创新效率对于知识创新效率的前向溢出效应不明显。(4) 中国知识(产品)创新效率具有明显的空间依赖特征，创新效率具有族群特征，高(低)创新效率的地区相互比邻。由于区域内部均质化程度较高，中国区域内部创新效率的趋同特征明显，呈现“俱乐部收敛”的趋势。经济越发达、经济联系越紧密的地区，无论是创新的空间外溢效应还是创新的价值链外溢效应都显得更加突出。(5) 创新活动的地理空间效应不可忽视。纵向来看，随着时间的推移，中国各地区间创新效率的空间相关性在逐渐加强。静态来看，技术的传播和扩散往往局限在有限的地理空间范围内，随着地理距离的扩大，创新效率溢出效应迅速衰减。知识(产品)创新效率势差的扩大有利于产品创新效率的空间溢出和扩散，使得分阶段创新效率溢出的密集距离范围明显大于整体创新效率溢出的密集距离范围。根据以上研究得出的结论，可以对提高区域协同创新效率得出以下建议和启示：

第一，正确对待经济区或城市圈扩容。世界经济正朝着全球化和经济一体化的方向发展。在这个大背景下，顺应全球经济一体化趋势，加强区域创新资源整合，加强区域内部的技术溢出，促进不同地区之间创新协同发展是一个必然选择。进入 20 世纪，“大经济区”概念出现在党和国家最高领导人的讲话中，2003 年，“泛珠三角”区域合作应运而生，其陆地面积占到了全国面积的 1/5，全国人口总数的 1/3。无独有偶，2007 年，长三角的地理范围定调——从原来的 16 市扩容到 2 省 1 市(上海、江苏和浙江)，激辩多年的长三角边界之争终于划上一个句号。长三角从纯粹的自然地理概念扩展为经济地理概念，对于那些渴望分享长三角“概念红利”的地区来说，边界不仅仅是一个问题，而且一度成为争论的主题。对于那些梦寐以求想要加入“大经济圈”的城市而言，现在虽然如愿以偿、名正言顺地成为“大经济圈”的一分子，但是，千万不要以为这是“天上掉馅饼”。加入“大经济圈”，初衷是更好地接受增长极的辐射，分享增长极的发展成果，但是，行政性的圈地，概念性的炒作就是世界级的经济圈吗？答案是否定的。有竞争力的经济圈固然依靠的是产业(企业)的协同创新，但首先作为一个地域经济概念，经济圈的认定是无法回避地理边界的，尤其是在中国目前产业结构组织联系松散，合作氛围不浓的状况下，行政性的地理扩容对实现区域协同创新无太大帮助。从实证结果来看，创新活动的地理空间效应不可忽视。纵向来看，随着时间的推移，中国各地区间创新效率的空间相关性在逐渐加强。静态来看，技术的传播和扩散往往局限在有限的地理空间范围内，随着地理距离的扩大，创新效率溢出效应迅速衰减。因此，对于经济区的地理扩容值得商榷，大经济区的扩容不在于数量多少，城市间能否真正实现合作与分工、共享发展红利才是关键所在。如果在制度、产业一体化创新上没有突破的话，经济区的地理扩容是没有实质意义的。

第二，从制度、体制、机制等多方入手，充分发挥区域协同创新的溢出效应。首先要打破地区封锁，实现物品、生产要素、投资和创新要素在区域间的自由流动。2014 年诺贝尔经济学奖得主梯若尔在中国接受采访时曾说，他对中国跨省之间的贸易互相征税很吃惊，虽然中国对外竞争做得很好，但内部相互征税不是好事，应该提倡自由贸易，否则就会重演别国的失误。时至今日，利用税收、准入审批、政策歧视等手段进行地方保护、限制外地竞争的现象仍在很多地区程度不同地存在，人为地割裂地区之间的经济联系和协作，推高地区之间贸易、投资和要素流动的成本。不打破这种地区垄断，区域经济内部的合理分工和一体化就很难实现，以邻为壑的非合作博弈就会成为主导，区域协同创新及其溢出效应也就无从谈起。由于信息对称程度以及信任关系都会随着地理距离而出现衰减，加之我国较为明显的地方保护主义，这些都会在一定程度抑制创新向其他地区的外溢。要改变这种现状，一方面中央政府要从制度层面解决地区割据局面，各地方政府之间加强交流合作，出台一些双边或多边协议，通过市场化机制和利益补偿机制，达成双赢格局；另一方面，政府应该加强诚信体系建设，消除由于诚信问题带来的交易成本过高、外溢半径过短的问题，充分发挥空间外溢效应。

第三，重视创新价值链的外溢效应，特别是产品创新对于知识创新的前向溢出效应。创新价值链以及产学研协同创新各环节应该是互动互促，互为因果。而我们的实证结果却显示，中国创新价值链具有单向溢出效应，即存在知识创新效率提升能改善产品创新效率的后向溢出效应，产品创新效率对于知识创新效率的前向溢出效应不明显。这在一定程度上说明了在中国产学研结合方面，企业的主动性和积极性较高，由“研学”向“产”方面结合良好，企业的产品研发行为更加重视对于科研机构和高校研发成果的消化利用。而高校和科研机构相对被动，“产”向“研学”方面的反馈机制尚未形成。在我国表现为高校的研发机构都相对独立地完成各自的科研工作，对研发机构和人员的评价体系存在着重数量轻质量、重学术贡献轻实际应用现象，导致研发活动与企业和产业实际需要结合不紧密，缺乏市场导向，更多是象牙塔内部的自我循环。要改变高校在产学研合作方面的这种被动与盲目状态，关键在于提高组织化程度，构建有效的产学研合作动力机制。积极运用政策手段和经济杠杆，对产学研合作大学给予政策倾斜和财力、物力扶持。可以借鉴美国官产学研合作做法，强调以项目、资金为纽带，政策天平更多向大学机构倾斜，促进若干大学机构与企业、科研院所组成新的研究实体，通过扶持、培育形成坚实的研发能力，在竞争环境下进入良性循环，进而走上独立自主的发展道路。另外，也应重视大企业特别是实力雄厚的行业领先企业在知识创新以及“产”向“研学”溢出效应中的作用。发达国家一些实力强大的跨国公司，不但十分重视应用技术研发和产品创新，还对与此关系紧密的基础研究增加投入，一旦在这些领域取得突破，就很快投入应用，知识创新与产品创新以及由“产”向“研学”的结合十分紧密。我国一些实力强大的行业领先企业也可借鉴这种做法。

第四，在科研资金使用特别是智力资本密集（如软件、设计、动漫等创意产业和一些基础性研究）的研发资金使用中，对科研人员的劳动报酬以及人才培养等人力资本支出应予以足够重视。我们的实证研究发现，在产品创新环节，创新投入的资产偏向性为正，说明产品创新环节，尤其是中试阶段成功与否很大程度上取决于中间试验设备投入规模以及设备的先进性，资本偏向性创新投入会提升产品创新效率。但在知识创新环节，创新投入的资产偏向性为负，说明知识创新环节过多的资产投入不仅不会提升知识创新效率，反而阻碍了知识创新效率的提升。这也从一个侧面反映了我国目前的基础研究投入领域，一直过度强调建设大型实验室和购置设备，严禁在经费的使用、报销范围列支科技人员的正当报酬支出。由于不少基础研究和创意性研究更多依赖于科技人员的脑力劳动和智慧，过于强调基础研究中的资产投入，一方面会造成研究设备过度投入以至多次购买或重复购买，降低知识创新效率；另一方面对研发人员的额外劳动没有在报酬上得到应有体现，对人才培养重视不够，不仅影响了科技人员的积极性和知识创新的效率，也是造成目前科研经费使用乱象的一个原因。因此，政府基础研究领域的经费支出应当调整支出结构，适当向科技人员倾斜，充分反映脑力劳动者的合理报酬，增加人才培养支出。

第3章

中国制造业技术效率测度及时空分析

近年来,国内学者开始采用随机前沿生产函数(SFA)方法对技术效率变化进行实证研究。何枫等(2004)研究了经济开放度对地区技术效率的影响,认为经济开放度能显著提升我国地区技术效率的增长。涂正革等(2005)计算了我国工业行业的全要素生产率增长趋势,发现前沿技术进步是推动全要素生产率的最重要动力,而提高相对前沿的技术效率是我国工业企业亟须解决的重要问题。顾乃华等(2007)实证研究了我国服务业技术效率的地区空间差异,研究表明,由于其市场化进程不一致导致了我国服务业技术效率存在显著地理空间差异。张宗益等(2007)实证研究了我国区域技术创新效率的趋势变动和空间差异,结果表明:我国区域技术创新效率较低,而且东、中、西部之间区域技术创新效率发展极其不平衡。本研究将分别使用SFA方法和三阶段DEA方法测算我国全国和省区制造业技术效率的变动趋势,并检验我国制造业技术效率的空间收敛性,以期帮助分析全国制造业及各地区的发展水平,寻求提升我国制造业效率的实施途径。

3.1 基于随机前沿生产函数的制造业效率测度

3.1.1 研究方法

技术效率是用来衡量在现有的技术水平下,生产者获得最大产出的能力,表示生产者的生产活动接近其前沿边界(最大产出)的程度,即反映了现有技术的发挥程度。技术效率的测定与前沿生产函数联系紧密,1957年英国剑桥大学的经济学家Farrel首次提出运用前沿生产函数来测度技术效率的方法,其公式为:技术效率=实际产出水平/前沿产出水平。

在Farrel(1957)等人所提出的技术效率这一基础概念的启发下,20世纪70年代末,Meeusen和Broeck(1977),Aigne(1977),Battese和Corra

(1977)等人各自独立提出了随机前沿分析理论框架和计量方法。随机前沿分析在其发展过程中经历了两个阶段:早期的确定型和现在的随机型前沿模型。早期的前沿模型(Aigner 和 Chu,1968;Afriat,1972)是确定型的。在这种模型中,经济系统的所有单位共用一个固定的前沿水平,即产出的上界是确定的生产函数。此种模型的不合理之处在于:将影响经济单位的外生扰动因素也计入内生的技术无效当中,因此所测定的技术效率与真实的效率水平有很大偏差;而另一种也是现在广泛应用的随机型前沿模型则试图将外生扰动因素与内生的技术无效水平分离开来。在这一问题上有所突破的是 Meeusen,他在 1977 年建立了如下模型:

$$Y_{it}=f(X_{it};\beta)\exp(v_{it}-u_{it}) \quad (1)$$

$$i=1,2,\cdots,N;t=1,2,\cdots,T$$

$$TE_{it}=\exp(-u_{it})$$

Y_i 表示第 i 个单位第 t 年的产出;X_{it} 表示投入的矩阵;β 为待估计的参数矩阵;$(v_{it}-u_{it})$共同构成了随机扰动项,其中 v_{it} 为服从对称分布的随机误差项,指经济系统的外部影响因素(如气候、地理环境等)和一些数据误差;μ 为非负的服从单侧分布的随机项,反映第 i 个单位在第 t 年的技术无效程度。

尽管模型(1)在理论上是合理的,但是在实际操作上却有难度。原因在于这个模型需要两个假定条件,即 u_{it} 与 v_{it} 的分布假设和投入矩阵 X_{it} 与技术非效率 u_{it} 的独立假设,而这两个假设对于经济单位而言是不切实际的。解决这种问题的方法是采用面板数据(panel data)来估计前沿模型[事实上,模型(1)只用截面数据]。当所用的面板数据的时间序列趋于无穷大时,则无须随机误差项的强分布假设和投入变量 X_{it} 与 u_{it} 的独立假设,系数和技术效率就可以被估计出来。在这种方法的应用上,有重大突破的是 Battese 和 Coelli,他们在 1988 年和 1992 年提出了如下两个适用于面板数据的模型:

$$Y_{it}=f(X_{it};\beta)\exp(v_{it}-u_{it}) \quad (2)$$

$$Y_{it}=f(X_{it})\exp(v_{it}-u_{it}) \quad (3)$$

$$u_i=u_i\exp(-\eta(t-T)) \quad (4)$$

$$TE_i=\exp(-\mu_i)\ \ TE_{it}=\exp(-u_{it}) \quad (5)$$

$$i=1,2,\cdots,N;t=1,2,\cdots,T$$

模型(3)是在模型(2)的基础上发展而来的,因此仅就模型(3)予以说明。模型中各变量的涵义与模型(1)相同,所不同的是 v_{it} 被假定服从对称的正态分布 $N(0,\sigma_V)$,u_i 为非负的服从单侧(大于等于零)的正态分布 $N(\mu,\sigma_u)$,且独立于 v_{it},表示第 i 个单位不随时间变化的技术无效水平,u_{it} 可以通过式(4)来确定。若 $u=0$,且 u_{it} 不随时间变化,则模型(3)退化成模型(2)。根据所估计的 u_i,由式(5)可以确定技术效率,Coelli 编写的专门用来估计前沿函数和技术效率的程序 Front 使得这一计算更加方便。

3.1.2 实证分析模型

在建立具体的随机前沿生产函数模型时,首先要考虑生产函数形式的选择与效率误差分布的设定这两个问题。不同的生产函数形式往往代表着不同的技术类型,而在研究开始之前假定任何特定类型的生产函数都可能是不合适的。一般情况下,为了解决这一问题,通常采用包容性较强的生产函数(如超越对数函数形式),然后根据样本数据进行假设检验,以选择合适的生产函数类型。对于第二个问题,主要是从估计的方便性和进一步分析的可能性来考虑。

在实证分析中,笔者采用 Battese 和 Coelli(1995)的定义,建立我国制造业技术效率的随机前沿生产函数模型,函数形式采用超越对数形式。超越对数生产函数形式的主要优点是,允许要素之间的替代弹性是可变的,因此可以灵活地选择投入要素进行针对性研究,交叉项反映要素的替代性,但超越对数参数过多和多重共线性导致精度下降,并且要求样本数据比较大,这样可能限制其应用范围。考虑到本研究所获得的样本数据比较大,故可采用超越对数生产函数这一函数形式进行实证分析。模型的具体形式如下:

$$\mathrm{Ln}Y_{it}=a_0+a_1\mathrm{Ln}K_{it}+a_2(\mathrm{Ln}K_{it})^2+a_3(\mathrm{Ln}L_{it})^2+a_4(\mathrm{Ln}K_{it}\cdot\mathrm{Ln}L_{it})$$
$$+a_5T_t+a_6T_t^2+a_7D_i+V_{it}-U_{it} \qquad (6)$$

式(6)中,Y_{it} 为第 i 个省在 t 时期的制造业增加值;K_{it} 为第 i 个省在 t 时期的制造业资本投入;L_{it} 为第 i 个省在 t 时期的制造业劳动投入;T 为时间趋势;D 为地区虚拟变量,用以识别不同省份自然地理条件等不可观测因素的影响,并定义东部地区的省份为 1(注:东部地区包括北京、天津、河北、辽宁、上海、江苏、浙江、山东、福建、广东和海南等 11 个省份),中西部地区的省份为 0;V_{it} 是服从分布 $N(0,\sigma_v^2)$ 的独立同分布随机变量,反映不可控因素对各省制造业产出的随机影响;U_{it} 是服从分布 $N(0,\sigma_u^2)$ 的独立同分布非负随机变量,反映生产技术无效性对各省制造业的随机影响,且与 V_{it} 独立同分布。

为了估计的方便，根据 Battese 和 Coelli(1995)的建议，定义 $\sigma^2=\sigma_u^2+\sigma_v^2$ 和 $\gamma=\frac{\sigma_u^2}{\sigma_v^2}+\sigma_v^2$，则模型中主要待估参数为 $a_i(i=0,1,\cdots,8)$、σ^2 和 γ，可利用极大似然估计得出。

3.1.3 数据来源与处理

本章分析使用的样本为 1996—2011 年我国大陆地区 30 个省的制造业产出、资本投入和劳动投入数据（注：为估计的方便，将重庆 1996 年后的相关数据合并到四川，这样最终用来进行估计的为 30 个省）。众多已有的实证研究表明，数据来源与处理方法的不同是导致研究结果差异的重要原因之一。本研究分析所使用的基本数据来源于《新中国五十年统计资料汇编》、《中国固定资产投资统计年鉴 1950—1995》和历年的《中国统计年鉴》。

3.1.3.1 产出水平

制造业产出水平用行业增加值表示，并按 1990 年不变价格指数进行缩减。这里之所以不用国内生产总值是因为，笔者认为用增加值可以更好地反映制造业的实际产出。按照国家统计局的定义，总产出指一定时期内一个国家（地区）常住单位生产的所有货物和服务的价值，既包括新增价值，也包括转移价值，它反映常住单位生产活动的总规模，且按生产者价格计算。而增加值则是指常住单位生产过程创造的新增加值和固定资产的转移价值，它可以按生产法计算，也可以按收入法计算。按生产法计算，它等于总产出减去中间投入；按收入法计算，它等于劳动者报酬、生产税净额、固定资产折旧和营业盈余之和。另外，从国外有关制造业问题的经验研究来看，也基本上普遍使用制造业增加值来衡量产出水平，并按 1990 年不变价格进行平减。

3.1.3.2 劳动力投入

劳动投入量包括就业人数、劳动时间、劳动强度和劳动质量等方面的内容。在市场经济条件下，劳动者的工资报酬能够比较合理地反映劳动投入的变化。在我国，由于分配体制不合理和缺乏市场机制的调节，使得劳动收入难以准确地反映劳动投入的变化。从较长的时间看，由于社会的发展、科技水平的进步、劳动者教育水平的提高，劳动质量是有所提高的；由于社会文明的进步，劳动时间和劳动强度一般又会减少，两者相抵，用劳动者人数代替劳动投入量的变动，误差估计不会很大。因此，在度量时采用年末制造业从业人数来代替劳动投入量。

3.1.3.3 资本投入

测算资本存量一般采用戈德·史密斯于1951年所开创，现在被OECD国家广泛运用的永续盘存法，基本公式为：

$$K_t = \frac{I_t}{P_t} + (1+\delta_t)K_{t-1} \tag{7}$$

其中 K_t 代表 t 年的资本存量，I_t 代表固定资产投资，P_t 为固定资产投资价格指数，δ_t 为折旧。

由式(7)可见，资本存量既与每年的实际固定资产投资额有关，又要考虑以往资本存量的折旧因素，是一个逐年累积的过程。在有关我国资本存量的估计中，已有的研究主要集中在全国总量、省级总量方面，针对制造业资本存量估计的研究还很少。

在制造业资本存量初始值的估计方法上，我们遵循Kohli(1978)的思路，具体来讲，假定1978—1995年之间投资的实际增长率与实际产值的增长率是相同的，以稳定的速度 r 增加，这样可以得到：

$$K_{1995} = \frac{I_{1995}}{(\delta + r)} \tag{8}$$

这样估计的方法的优点在于，它可以保证1995年的资本存量不受以后逐年数据的影响。而且考虑到1995年相对较小的资本存量值和较高的投资量，1995年的基期对以后逐年资本存量估计的影响并不大。在估计出制造业资本存量初始值的基础上，我们可以按照永续盘存方法来估计制造业的资本投入。

至于资本折旧水平，理论界的认识比较一致，无论是根据统计年鉴上列出的国有企业固定资产折旧率，还是根据我国实际情况进行的判断，基本都以5%作为折旧水平进行估算(王小鲁，樊纲，2000；郭庆旺，贾俊雪，2004)。本研究也采用这一数据。

3.1.4 实证分析结果

在具体的估计方法上，我们采用Coelli(1996)提供的分析软件Frontier(Version4.1)。运用该软件对我国制造业技术效率的随机前沿生产函数估计结果如表3-1所示。

表 3-1　我国制造业技术效率的随机前沿生产函数估计结果

变量	系数	标准差	T 值
常数	−0.355 4	0.686 5	1.354 3
LnK	0.903 1	0.450 1	4.045 5*
LnL	0.354 3	0.543 5	0.257 6
$(\mathrm{Ln}K)^2$	0.346 15	0.035 3	5.176 8*
$(\mathrm{Ln}L)^2$	0.478 6	0.045 3	5.724 0*
$(\mathrm{Ln}K \cdot \mathrm{Ln}L)$	−0.043 78	0.367 0	−7.156 9*
T	−0.043 2	0.057 6	−3.965 1*
T^2	0.045 2	0.076 5	7.870 7*
D	0.245 3	0.046 1	2.043 7**
σ^2	0.184 3	0.124 1	1.143 2**
γ	0.873 4	0.096 48	4.457 8*
eta	0.014 6	0.023 2	3.365 8*
Log likelihood function		213.765 4	
LR test of the one-sided error		545.476 5	

注：* 表示在 10%水平下显著；** 表示在 5%水平下显著；*** 表示在 1%水平下显著。LR 为似然比检验统计量，此处它符合混合卡方分布(Mixed Chi-squared LR Distribution)。

当 $\gamma \to 0$ 时，则意味着我国制造业的生产点都位于生产前沿曲线上，这时使用 OLS 技术即可。但在本研究中，$\gamma=0.873\,4$，且通过 1%水平下显著性检验。因此，可以判断，模型的选择是正确的，说明模型中的误差项有着十分明显的复合结构。这一结果也表明 1996—2011 年间我国制造业的增长存在着技术无效性。

表 3-2 列出了 1996—2011 年我国制造业总体与东、中、西部三大地区制造业技术效率的估计结果(注：中部地区包括山西、吉林、黑龙江、安徽、江西、河南、湖北和湖南；西部地区包括内蒙古、广西、四川、贵州、云南、陕西、甘肃、青海、宁夏和新疆)。

表 3-2　我国(地区)制造业技术效率估计结果

年份	全国平均	东部平均	中部平均	西部平均
1996	0.822 6	0.883 5	0.790 6	0.806 1
1997	0.834 9	0.880 9	0.790 0	0.823 3
1998	0.853 3	0.896 6	0.804 6	0.845 7
1999	0.855 8	0.905 7	0.812 0	0.838 7
2000	0.860 5	0.891 1	0.836 9	0.859 8
2001	0.869 0	0.912 4	0.845 2	0.815 8

续表

年份	全国平均	东部平均	中部平均	西部平均
2002	0.878 2	0.923 4	0.845 8	0.849 0
2003	0.878 4	0.922 7	0.846 4	0.856 9
2004	0.889 1	0.932 6	0.854 6	0.878 0
2005	0.878 6	0.935 6	0.856 7	0.880 5
2006	0.880 9	0.923 0	0.878 7	0.877 0
2007	0.874 5	0.932 6	0.875 4	0.865 2
2008	0.870 6	0.942 1	0.875 9	0.875 7
2009	0.885 8	0.928 4	0.879 5	0.870 3
2010	0.890 2	0.924 1	0.895 8	0.885 4
2011	0.888 6	0.912 5	0.890 1	0.880 1
平均	0.873 5	0.917 1	0.856 4	0.850 9

注:全国制造业技术效率平均值为 30 个省份制造业技术效率值的算术平均值。

根据表 3-2 的估计结果,我们可以看出:第一,我国制造业的整体技术效率基本呈逐渐上升趋势,从 1996 年的 0.822 6 上升到 2011 年的 0.888 6。从年际间的变化来看,年际之间的变化存在一定的差异,且技术效率的增加幅度有逐步减少的趋势,但是这种趋势还比较微弱。第二,东、中、西部三大地区的制造业技术效率也表现出逐步上升的趋势,但从总体上看,这种上升幅度还比较小,且地区之间的上升幅度存在一定差异。具体而言,西部和东部地区制造业技术效率的上升幅度相对比较大,而东部的制造业技术效率上升幅度相对比较小。第三,从绝对差异来看,中西部地区制造业技术效率比较接近,而东部地区的制造业技术效率要高出中西部,而且非常显著。

根据以上分析结果,我们可以看出,尽管我国各地区制造业的发展水平差距比较大,但技术效率的差距并不是很明显,一个很重要的原因便是制造业的所有制结构特征。从 1996 年以来,我国制造业的所有制结构中,国有经济比例基本上占据了绝对主导地位,由此我们可以初步认为,在所有制结构相差不大的情况下,不同年份我国制造业的技术效率不应该有非常大的差异,这从 1996—2011 年我国制造业技术效率的估计结果上也得到初步验证。此外,从不同地区制造业技术效率的差异情况来看,地理位置的作用并不明显,这在某种程度上说明,在以国有经济为主体的情况下,地理位置作用的发挥已经受到抑制。当然,其他在市场经济下可能对产业发展产生影响的作用同样受到限制,这是今后发展我国制造业过程中需要考虑的一个重要问题。

以上分析表明，1996—2011年之间我国制造业的技术效率从变化趋势上看是逐步上升的，这不仅表明我国制造业的相对技术效率在上升，即实际生产边界在逐步向生产可能性边界移动，而且很有可能是实际生产边界和生产可能性边界同时向外移动，但实际生产边界比生产可能性边界的移动速度快。其主要原因在于，运用随机前沿生产函数方法估计技术效率时均假定技术水平是不变的。当技术水平发生变化时，前沿生产函数的位置也将随之发生移动，但在这种情况下，估计出来的技术效率如果是逐渐上升的，并不能反映出生产可能性边界是否发生了移动。换言之，仅依靠技术效率，我们只能衡量实际生产边界和生产可能性边界的相对位置变化，而不是其他。之所以要强调这一点，原因在于生产可能性边界是否向外移动对我国制造业至关重要。如果在这一时期，我国制造业技术效率的提高仅仅是实际生产边界向外移动而生产可能性边界位置不变，那么如果这种状况在今后一段时期内不能得到根本的改变，那么可以预见我国制造业的增长潜力将是十分有限的。因此，要加快我国制造业的发展，不仅要使实际生产边界向外移动，还应努力提高生产可能性边界，而这更多地需要依赖技术进步。

3.2 基于三阶段DEA模型的中国制造业技术效率测度

如何对制造业效率进行评价是一个核心问题，众多学者对该问题进行了探索。相关文献主要采用单因素指标、赋予权重法、统计回归分析的生产函数方法、数据包络分析(DEA)等方法。由于DEA无须预先设定函数和参数形式，并充分考虑决策单元本身最优的投入产出方案等优点，因而在产业效率评价中得到广泛运用。

但是传统的一阶段DEA的主要思路是事先将环境变量归入投入或产出变量中，测算效率与生产边界。但面临一个主要问题是，无法分解出影响效率的环境变量或随机变量，如果将环境变量错误地归入投入或产出变量中，则会出现估计误差。两阶段DEA评价方法虽然引入了Tobit回归模型，能分析影响效率的各因素的显著程度，但无法分解出环境和误差因素对效率值的影响，因此其二阶段结果也是有偏的，不能真实地反映评价单元的管理效率。

综上所述，已有文献在以下几方面有待深入研究：一是评价方法。现有大部分研究所得到的效率评估值，并没有将环境因素和随机误差因素对技术效率的影响予以剔除，所评估的效率值并不能真实反映我国现阶段行业技术效率。为此，我们拟采用 Fried 等(2002)提出的 DEA 三阶段法测算我国制造业技术效率。该方法最大的特点是能够将外部环境与随机误差对效率的影响去除，使得所计算出来的效率值能更加真实地反映实际情况。二是投入产出指标的选取。已有文献在测度技术效率时，大都仅仅关注合意性产出(GDP)，而忽略了非合意性产出(如废水、废气的排放等)，或者难以找到一个科学的测度非合意产出的综合指标。因此，本研究采用非参数数据包络分析法，对污染排放指数的测算，利用熵值法，把工业废水排放量、工业废气排放量、工业烟尘排放量、工业粉尘排放量、工业二氧化硫排放、工业固体废弃物产生量等六个指标综合成污染排放指数。将污染排放指数作为非合意性产出测度我国制造业技术效率。

本研究把省域作为一个个独立单元，运用三阶段 DEA 模型对其制造业投入产出之间的关系进行对比分析，通过评价其相对效率，具体分析制造业投入产出要素在绝对和相对数量上的缺陷，指出提升我国制造业技术效率的空间模式与路径。

3.2.1 三阶段 DEA 模型

自 Charnes、Cooper 和 Rhodese (1978)创立基本的 DEA 模型后，为测度环境变量对决策单元效率的影响程度，Coelli(1998)提出了 DEA 的两阶段模型，但由于该模型存在技术上的缺陷，并且在实际应用中会忽略被包括在投入松弛或产出剩余里的信息，因此，H. O. FRIED 等(2002)提出了 DEA 三阶段模型。它的模型构建和运用经历了三个阶段。

3.2.1.1 第一阶段 DEA 模型

第一阶段是传统的 DEA 模型。本着资源节约的原则，本研究采用投入导向的规模报酬可变的 BCC 模型，由于 BCC 已经是一个相当成熟的 DEA 模型，这里不再加以描述，具体模型可以参阅 Coelli 等(1998)的研究文献。但是第一阶段的 DEA 模型不能将外部环境因素、随机误差对技术效率值的影响效果分开，此时的技术效率值无法反映到底是由管理原因造成的低效，还是由环境因素和随机干扰所导致的低效，于是需要进行第二阶段的分析。

3.2.1.2 第二阶段构建相似 SFA 模型

在第二阶段，将要估计环境变量对各决策单元的技术效率值的影响，进行松弛变量的分析，考虑外部环境因素、随机误差以及内部管理因素等三个因素，并根据所得结果，调整投入值。所谓的松弛变量是指理想投入量与实际投入量之间的差额,而造成差额的原因可归因于外部环境因素、随机误差以及内部管理因素等三个因素,此三个因素影响投入量或产出量,使得第一阶段所估计出的技术效率值与投入差额受到影响。因此,为分离此三因素对技术效率值与投入差额的影响,必须重新调整受到此三因素影响的投入量或产出量,分离出受到环境因素以及随机误差影响的投入或产出,再以调整后的投入量或产出量重新对技术效率值进行估计,从而可求得不受环境因素和随机误差因素影响的技术效率值。在这一阶段使用 SFA 对环境变量进行回归分析,可得到随机误差项,避免第一阶段 DEA 模型为确定性模型的缺点,加入考虑随机误差项。根据 Fried 等(2002)所使用的调整方法,对每一种投入松弛变量进行 SFA 分析,从而测量环境变量对于不同投入差额的影响。

(1) 建立松弛变量:

$$S_{ij}=x_{ij}-X_i\lambda\geqslant 0,\quad (i=1,\cdots,m;j=1,\cdots,n) \tag{9}$$

其中:S_{ij} 是第一阶段第 j 个决策单元在使用第 i 个投入时的松弛变量(射线上的加上非射线的),X_i 是 X 的第 i 行,λ 是 x_{ij} 对应产出向量在投入效率子集上的最优映射。

(2) 建立松弛变量与环境解释变量的回归方程:

$$S_{ij}=f^i(z_j;\beta^i)+v_{ij}+u_{ij} \tag{10}$$

其中:z_j 为第 j 个可观测的环境变量,$f^i(z_j;\beta^i)$ 是确定可行的松弛前沿,参数向量 β^i 将被估计,$v_{ij}+u_{ij}$ 为混合误差项。与随机成本前沿公式一样,v_{ij} 表示随机干扰,并假设 $v_{ij}\sim N(0,\sigma^2_{vi})$,$u_{ij}$ 表示管理无效率,并假设 $u_{ij}\sim N^+(\mu_i,\sigma^2_{ui})$。$v_{ij}$ 与 u_{ij} 独立不相关。

(3) 调整投入变量:

为进行下一步的投入调整,首先必须从 SFA 回归模型的混合误差中把随机误差从管理无效率中分离出来。通过管理无效率的条件估计 $\hat{E}[u_{ij}\mid v_{ij}+u_{ij}]$,可通过以下方式得到随机误差的估计:

$$\hat{E}[v_{ij}\mid v_{ij}+u_{ij}]=S_{ij}-z_j\hat{\beta}^n-\hat{E}[u_{ij}\mid v_{ij}],\quad (i=1,\cdots,m;j=1,\cdots,n) \tag{11}$$

利用 SFA 模型的回归结果($\hat{\beta}_i,\hat{\sigma}^2_{vi},\hat{\mu}_i,\hat{\sigma}^2_{ui}$)调整各决策单元的投入项,其原则是将所有决策单元调整到相同的环境条件,同时考虑随机误差的影响,从而可以测算出纯粹反映各决策单元管理水平的技术效率值。调整的方式有两种:一种是对于那些所处环境较好的决策单元,增加其投入;另外一种是对于环境较差的决策单元，减少其投入。前者在现实中更为合理，因为在某些极端情况下，对于环境很差的决策单元减少其投入可能会导致调整后的投入项为负值。本研究采用前一种方法。基于最有效率的决策单元，以其投入量为基准，对其他各决策单位投入量的调整如下：

$$x_{ij}^A = x_{ij} + [\max_j\{z_j \hat{\beta}^i\} - z_j \hat{\beta}^i] + [\max_j\{\hat{v}_{ik}\} - \hat{v}_{ik}] \quad (12)$$

其中 x_{ij}^A 和 x_{ij} 分别是调整后和所观察到的投入数量。

(12)式右边的第一步的调整使所有决策单元处于共同的外部环境，即样本中所观测的最差的环境。第二步调整使所有决策单元处于共同的自然状态，即样本中遇到的最不幸的状态，以致使每个决策单元均面对相同的外部环境和运气。

3.2.1.3　第三阶段调整后的 DEA 模型

用第二阶段所调整后的各投入数据 x_{ij}^A 代替原始投入数据 x_{ij}，再次运用 BCC 模型进行计算，这时所得到的即为排除了外部环境因素和随机误差影响后的技术效率值。

3.2.2　变量和数据

鉴于数据的可得性和完整性，本研究选取 2011 年中国 30 个省（自治区、直辖市，以下简称省）为样本（西藏因数据不完整，故被排除）。文中数据分别来源于《中国统计年鉴》、《中国环境年鉴》、《中国劳动统计年鉴》、《中国能源统计年鉴》以及各省市相关统计年鉴。此外，需要说明的是，对于部分省份个别年份缺少数据，本研究采用了取前后两年的平均数补齐的方式加以处理。

3.2.2.1　投入产出指标的选择

在 DEA 投入和产出的确定上，本研究采用三要素投入（资本、劳动力、能源）和双产出（增加值产出、污染排放）。实证分析数据的选择和处理如下：

资本存量的估算：测算资本存量上节采用的是永续盘存法，基本公式为 $K_t = \frac{I_t}{P_t} + (1+\delta_t)K_{t-1}$。

劳动力估算：在度量时采用年末制造业从业人数来代替劳动投入量。

产出：使用制造业增加值来衡量产出水平。

能源消耗：因为每个省份的能源消费类别不一，无法进行比较，所以有必要将煤炭、石油、天然气和水电等四种主要一次性能源消费量转换成统一单位。地区能源投入计量单位是“吨标准煤”。

污染排放：考虑到 DEA 方法规定投入产出指标不宜过多，而可以获得的关于污染排放指标比较零散(工业烟尘排放量、工业废水排放量、工业废气排放量、工业粉尘排放量、工业固体废弃物产生量、工业二氧化硫排放量),因此,本研究采用改进的嫡值法,将这六个指标进行处理,综合成一个污染排放指数,污染排放指数的具体算法可参见袁晓玲,杨万平(2008)的研究文献。同时,为了使模型更有实际意义,本研究选取污染排放指数的倒数作为非合意产出指标。

3.2.2.2 环境变量指标的选择

第二阶段需剔除的环境因素也称为外部影响因素,本研究认为,影响到制造业技术效率的因素主要包括政府干预程度、产业结构、所有权结构、开放程度以及能源因素(能源消费结构、能源禀赋和能源价格)等方面。

政府干预程度:随着地方政府对经济的参与程度提高,有可能带来以下负面影响。第一,地方政府对于经济的参与可能破坏市场机制的配置功效,从而降低行业技术效率(王志刚,龚六堂等,2006;魏楚,沈满洪,2006)。第二,政府支出对民间投资可能产生挤出效应,从而降低地方经济的活力。在本研究中,我们采用地方财政支出与当地 GDP 的比例作为度量地方政府对经济参与程度的指标。

产业结构:Denison 等(1996)认为,当生产要素从生产率增长较低的部门向生产率增长较高的部门转移时,就会促进整体经济的技术效率。但也有学者提出了相反的意见,周鸿、林凌(2005)和史丹(2006)认为经济结构(产业结构和工业结构)对技术效率的影响作用并不明显,王玉潜(2003)则指出产业结构的调整对技术效率的改善有负向作用。产业结构变量用各省第二产业总产值在本省 GDP 中所占的比值表示。

所有权结构:已有的研究普遍认为国有企业经营绩效差、运营效率低下(涂正革,肖耿,2006)。因此,国有工业比重越高,其全要素生产率越低(Fan,2007)。所有权结构用各省国有工业产值与本省工业总产值之比表示。

对外开放程度:对外开放程度的扩大促进了先进技术、设备和管理经验的引进,这些都会提高地区的行业技术效率,而且对外开放使要素的国际流动性有所增强,并通过强化资源配置效率提升了制造业效率(史丹,2002)。对外开放程度用实际利用外商直接投资额与资本形成总额比值衡量。

能源因素(能源消费结构、能源禀赋和能源价格):本研究用各省原煤消费量占全省能源消费比重表示能源消费结构;用各省能源消费总量与本省能源产出量之比表示能源禀赋;用原材料、燃料动力购进价格指数表示能源价格。

3.2.3 实证计算与结果

3.2.3.1 第一阶段传统 DEA 的实证结果

第一阶段，本研究以资本存量、劳动力和能源消耗为投入变量，以制造业增加值为合意性产出变量，污染排放指数为非合意性产出变量，运用 Deap2.1 软件对中国 30 个省的制造业技术效率水平进行了分析。结果如表 3-3 所示，在不考虑外在环境变量和随机因素影响时，我国制造业的平均技术效率为 0.823，平均纯技术效率为 0.854，平均规模效率为 0.943。其中 5 个省(内蒙古、上海、福建、青海、宁夏)处于技术效率前沿，其他各省则面临不同的技术效率改进空间。除天津、辽宁、山东、湖南、新疆以外，其他各省的纯技术效率均低于规模效率，也就是说纯技术效率不高是制约中国大多数省份制造业效率提升的主要因素。

表 3-3　2011 年中国制造业效率测算结果

地区	TE	PTE	SE	地区	TE	PTE	SE
北京	0.874	0.880	0.993	河南	0.774	0.832	0.930
天津	0.925	0.971	0.952	湖北	0.822	0.867	0.948
河北	0.802	0.850	0.943	湖南	0.796	1.000	0.796
山西	0.758	0.812	0.933	广东	0.952	0.978	0.971
内蒙古	1.000	1.000	1.000	广西	0.680	0.780	0.871
辽宁	0.890	1.000	0.890	海南	0.883	0.904	0.976
吉林	0.852	0.885	0.962	重庆	0.780	0.850	0.917
黑龙江	0.787	0.801	0.982	四川	0.833	0.857	0.971
上海	1.000	1.000	1.000	贵州	0.709	0.832	0.852
江苏	0.907	0.925	0.980	云南	0.689	0.778	0.885
浙江	0.880	0.903	0.974	陕西	0.717	0.807	0.884
安徽	0.810	0.841	0.961	甘肃	0.847	0.878	0.964
福建	1.000	1.000	1.000	青海	1.000	1.000	1.000
江西	0.788	0.865	0.910	宁夏	1.000	1.000	1.000
山东	0.832	0.920	0.904	新疆	0.770	0.790	0.976

注：TE：技术效率；PTE：纯技术效率；SE：规模效率；TE＝PTE×SE。

3.2.3.2 第二阶段 SFA 回归分析结果

由第一阶段可得出样本各投入变量的松弛变量(射线加上非射线的)，

将其作为函数的被解释变量，将政府干预程度、产业结构比重、所有权结构、对外开放水平和能源因素作为解释变量，使用 Frontier4.1 软件进行 SFA 回归分析，结果如表 3-4 所示。可以看出，SFA 分析的 γ 值均超过了 0.9，且 LR 检验在 1% 的水平下是显著的，因此，使用 SFA 分析是合适的，表明本研究所选的环境变量确实会对效率值产生影响，因此调整投入变量是必要的。

表 3-4　第二阶段 SFA 估计结果

	资本投入松弛变量	劳动力投入松弛变量	能源消耗松弛变量
常数项	28 542.520 1	5 257.968 2***	3 684.257 4***
	(1.000 0)	(1.000 5)	(1.000 0)
政府干预程度	0.201 6***	0.102 1***	0.152 0
	(0.280 1)	(0.625 0)	(0.035 2)
产业结构	−2 560.254 0***	−5 212.584 0***	−389.214 0***
	(0.965 2)	(1.023 5)	(0.586 2)
所有权结构	−14 522.259 8***	−8 545.254 1***	−585.356 5
	(1.000 0)	(1.000 0)	(1.000 0)
对外开放水平	0.352 1***	−0.147 4***	0.401 4***
	(0.035 6)	(0.041 4)	(0.024 5)
能源消费结构	127.024 5***	2 578.254 1***	254.258 0***
	(1.025 4)	(1.320 5)	(0.895 2)
能源禀赋	5 201.235 1***	3 580.740 1***	682.325 1***
	(1.025 4)	(1.240 1)	(0.965 8)
能源价格	−254.554 1	−698.541 5	−254.365 8
	(1.000 0)	(1.000 0)	(1.000 0)
σ^2	78 521 214***	125 482 400***	85 421 220***
	(1.000 0)	(1.000 0)	(1.000 0)
γ	0.909 5*	0.958 5	0.910 2
	(0.072 4)	(0.085 0)	(0.045 0)
Log-likelihood function	−5 215.547 1	−4 982.320 1	−4 210.025 4
LR test of the one-sided error	8.025 4	21.012 2	41.025 5

注：*** 显著水平达 1%，** 显著水平达 5%，* 显著水平达 10%，括号内为标准差。

投入松弛变量是各地区可以通过改善其管理水平，从而达到效率前沿可能节约的投入量。因而，可以将投入松弛变量视为各地区的机会成本，解释变量如果与投入松弛变量正相关，表明该解释变量不利于制造业效率的提高；反之，则表明该解释变量有利于制造业效率的提高。因此，从环境因素对投入松弛变量的回归系数来看，可得出如下结论：

第一，政府干预程度。政府对经济的干预不利于资本和劳动力投入松弛变量的减少，其原因在市场经济体制下，由于信息不对称，政府的过度干预影响了企业对资金、人员的合理配置。以上各项的 t 值均在 1% 的显著水平下通过检验，说明影响显著。但对于能源消耗松弛变量来说，由于 t 值均未通过显著性检验，上述影响只是方向性的。

第二，产业结构。产业结构的升级对于资本、劳动力以及能源消耗的松弛变量来说是有利的，与师傅、沈坤荣（2008）的观点一致，即从长期来看，工业产值比重与技术效率呈倒“U”型关系，随着产业结构比重的增加，能源要素从生产率增长较低的部门向生产率增长较高的部门转移，会减少资源浪费和污染物的过度排放。

第三，产权结构。与经济结构的影响作用类似，非国有经济比重的增加有利于投入松弛变量的减少。非国有经济比重的上升促进企业治理结构和激励机制的变革，从而完善企业的激励、监督、约束机制，有利于减少投入浪费，并降低污染排放，但对于劳动力来说，由于非国有企业在资本、能源方面的相对匮乏，导致劳动力由于资本短缺而造成一定程度上的浪费。

第四，对外开放水平。外商直接投资的增加对于资本、能源消耗的松弛变量来说是不利的，会增加相应的投入浪费，而外商直接投资的增加对于劳动力的松弛变量来说是有利的，会减少劳动力的浪费。这主要是由于 FDI 的流入对于劳动力技术水平的提高产生溢出效应，而对资本、能源则会造成挤入效应而导致盲目增加其投入。

第五，能源因素。原煤消费量在能源消费总量中所占的比重越大，对于资本、劳动力、能源的松弛变量来说越不利，其投入浪费越大，河北、山西等原煤消费量大省的能源效率低下的原因就在于此。能源禀赋不利于投入松弛变量的减少，即中国能源资源越富裕的地区，能源浪费越严重。这一观点与同师傅、沈坤荣（2008）的研究结论一致。这符合我国经济发展的实际情况，例如，广东、福建、浙江、江苏、上海、山东等发达地区是能源的净输入地，每年需要从外部调入大量的能源，而内蒙古、山西、贵州、等省（区）虽然能源资源丰富，是能源输出大省，但是能源浪费却非常严重。能源价格提高有利于降低各投入松弛变量，这表明，能源价格的提高促使生产经营者尽力降低能源的投入从而节约成本。

由于以上各环境变量对于不同决策单元的影响是不同的，可能会使一些面临较好的外部环境的地区制造业效率较高。因此，必须调整原投入变量，使所有的省份在面对同样的外部环境下，考察其真实的制造业效率水平。

3.2.3.3　第三阶段投入调整后的实证结果

根据(12)式进行投入变量的调整，利用 Deap2.1 软件再次进行 BBC 模型运行，可获得第三阶段的制造业效率值，如表 3-5 所示。

表 3-5　2011 年中国各省制造业效率测算结果

地区	TE	PTE	SE	地区	TE	PTE	SE
北京	0.880	0.897	0.981	河南	0.790	0.882	0.895
天津	0.920	0.985	0.934	湖北	0.802	0.858	0.909
河北	0.828	0.872	0.949	湖南	0.823	0.883	0.932
山西	0.796	0.882	0.902	广东	1.000	1.000	1.000
内蒙古	0.908	0.925	0.981	广西	0.696	0.867	0.802
辽宁	1.000	1.000	1.000	海南	0.875	0.896	0.977
吉林	0.850	0.897	0.947	重庆	0.798	0.887	0.899
黑龙江	0.770	0.817	0.942	四川	1.000	1.000	1.000
上海	1.000	1.000	1.000	贵州	0.727	0.880	0.826
江苏	0.920	0.949	0.969	云南	0.680	0.791	0.859
浙江	0.892	0.927	0.962	陕西	0.738	0.824	0.895
安徽	0.790	0.830	0.951	甘肃	1.000	1.000	1.000
福建	1.000	1.000	1.000	青海	0.930	0.952	0.976
江西	0.802	0.850	0.943	宁夏	0.908	0.938	0.967
山东	1.000	1.000	1.000	新疆	0.784	0.810	0.977

本研究采用 Wilcoxon 符号等级检验对第一阶段与第三阶段 DEA 的各效率值进行显著性差异分析。从中可知，第一阶段的效率值与第三阶段的效率值均存有显著性差异，说明本研究选取的环境变量及随机误差确实会对制造业效率值产生影响，因此有必要调整投入变量。

对比表 3-3 与表 3-5 可看出，排除环境变量和随机因素影响后，处于技术效率前沿的地区由 5 个上升到 7 个，且在第一阶段的 5 个中依然处于效率前沿的仅剩 2 个，而内蒙古、青海、宁夏的效率水平大幅下滑。晋升至效率前沿的则有山东、广东、辽宁、四川、甘肃 5 省，说明这 5 个地区在剥离环境因素后制造业效率是高效的。比较剔除环境和随机因素影响前后各地区制造业效率可以看到，各地区纯技术效率多数得到了提高，而综合技术效率并未提高，这主要是由各地区的规模效率降低导致。全部30个省区的纯技术效率均值由调整前的0.854提高到0.878，而规模效率则由调整前的0.943下降为0.920，也就是说环境因素和随机因素对各省制造业效率具有显著的影响。

3.2.4 中国制造业技术效率的空间模式

为了更加清晰地考察我国制造业技术效率的区域模式，本研究采用沃德法(Ward method)，按照投入水平和技术效率进行聚类分析。根据制造业效率测算结果，我国可以划分六类模式：

第一类模式为相对效率高投入，这类地区主要以上海、辽宁、山东等地区为代表。相对于经济发展水平而言，制造业投入水平匹配度比较合理，且产出也比较大，制造业效率达到了100%的技术效率。这类地区拥有丰富的资源，能源利用比较理想，是一种相对成熟的经济发展模式。

第二类模式为相对效率低投入，这类地区以甘肃为代表。由于资源相对缺乏，这些地区具有较低的投入水平，但产出也相对较低，因此制造业效率也达到了100%的技术效率，可见，这些地区属于低水平情况下的相对效率，显然不是经济发展的理想状态。鉴于这些地区资源比较匮乏，政府应加大对其投入力度，以充分发挥其效率优势获得更多的产出。

第三类模式为高效率高投入，这类地区主要以江苏、浙江、北京、天津等地区为代表。这类地区具有较高的投入水平，产出也比较高，但相对前沿面地区，它们的投入相对较高，有一定的冗余。这些地区可以通过改变生产方式，实施集约化生产，可以说这些地区具有较大的产出和节能潜力以及制造业效率提升空间。

第四类模式为高效率低投入，这类地区主要以青海、宁夏、吉林等地区为代表。这类地区跟第二类模式有些相似，由低投入、低产出造就了这些地区较高的制造业效率，只是还未达到前沿面。此类地区应进一步完善节能减排机制，在加大投入的同时提高产出效率。

第五类模式为低效率高投入，这类地区主要以湖北、河南、安徽等地区为代表。这类地区投入水平较高，但制造业效率却相对较低。由于受到传统计划经济的影响较深，这些地区制造业效率处于低水平的增长，缺乏有效的自动调节机制，这些地区应该是国家实施节能计划的重点。

第六类模式为低效率低投入，这类地区主要以江西、黑龙江、广西、贵州等地区为代表。这些地区一方面经济规模有限，另一方面制造业效率偏低，因此，需要政府通过区域调配和政策倾斜来提高这类地区的制造业效率，在增加产能的同时，减少不必要的能源消耗。

3.2.5 能源效率与产业(结构)关系的进一步讨论

影响能源效率的因素众多，其中，产业因素是一个重要变量。以往文献都是采用线性模型就产业结构对能源效率的影响进行估计。事实上，如果所研究的对象具有非线性特征，线性模型估计将是有偏的(贺胜兵，杨文虎，2008)。实际上，产业结构变动对能源效率的影响是一个复杂过程，面临着一定“门槛”。所谓“门槛效应”，是指能源效率波动过程中存在一个或几个关键点，若该国(地区)相关的经济初始条件位居这些关键点之下，那么能源效率改进的目标就难以实现。为此，本研究采用 Hansen(1999)提出的门槛回归模型检验产业因素与能源效率之间的“门槛效应”。其思想是将某门槛值作为一个未知变量纳入回归模型中，构建分段函数，并对该“门槛效应”及相应门槛值进行实证估计和检验，具体检验方法参见 Bai 和 Hansen(1997)的研究文献。

产业结构与能源效率之间是线性关系吗？目前多数文献认为两者是线性的，而且多数文献认为产业结构对于能效的影响为负，即第二产业比重越大能源效率越低(汪克亮，2010)。但检验结果发现，当产业结构(重工业比重)低于门槛值 66.2%时，系数估计值显著为正(0.178)，即当一国(地区)经济发展处于工业化初期阶段，产业结构的升级在充分利用闲置资源的同时，必然会在一定程度上提升能源效率；但当产业结构(重工业比重)跨越门槛值 66.2%时，系数估计值显著为负(−0.084)，即随着工业化中后期的推进，经济的增长主要依靠高耗能行业拉动，这表明产业内能源的配置是无效率的，重工业比重提高会降低能源效率。因此，产业结构对能源效率的影响并非单调递减的，而是存在一个“拐点”或“门槛”。即在时间维度上，特定的产业结构与能源效率之间符合倒“U”型关系(如图 3-1 所示)。

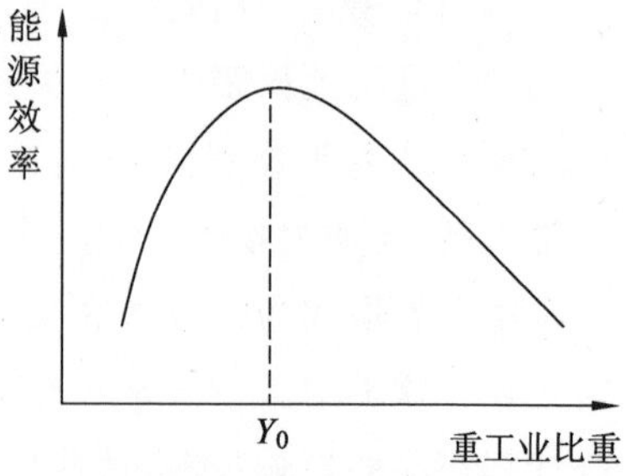

图 3-1 产业结构与能源效率关系图

根据各地区产业结构与门槛值大小关系，本研究将各省划分为低区制(即重工业比重低于门槛值)和高区制(即重工业比重高于门槛值)两组,见表3-6。在低区制组中,重工业比重的提高提升了当地能源效率,而高区制组中,重工业比重的提高降低了当地能源效率。因此,部分学者(魏楚,2007)提出的"退二进三"的产业结构目标并非都能改善能源效率,必须考虑不同地区的经济发展阶段和产业结构特征,采取差异化的结构调整政策。

表3-6 门槛值及省份分布

门槛值及区间	省份(2009)
重工业比重<68.5%	广西、海南、贵州、云南、甘肃、新疆、陕西、宁夏、青海、河南、江西、福建、浙江、内蒙古
重工业比重≥68.5%	北京、上海、湖北、黑龙江、湖南、四川、天津、山西、辽宁、吉林、江苏、山东、广东、重庆、河北

3.3 中国制造业技术效率的收敛性

通过研究表明,各地区的制造业技术效率表现出明显的差异特征,但如果要动态、全面地反映各地区制造业技术效率的变化演进轨迹以及趋势特征,还需要对此进行深入的研究。正如Abramoviz(1986)认为假使后进地区有能力吸收和采纳先进地区技术,满足自己的需要,技术知识的公共特征(技术扩散)往往会使后进地区从中受益。在这里,后进地区对先进地区的模仿、赶超或先进地区的"技术溢出"效应成为后进地区的"技术后发优势"。新技术的扩散、传播和转移速度的加快,以及后进地区技术学习和创新能力的提高终将使它们实现技术水平的跨越。当代许多工业化国家或地区的发展经验表明,后来者常常会利用技术上的模仿优势。这一机制在工业化国家中表现得更为显著,例如,日本和后起的新兴地区中国台湾等就成功地进行了技术模仿或技术引进。对此,本研究将考察我国各个地区制造业技术效率的趋同性。

3.3.1 *β*趋同检验

收敛研究是用于研究国家(地区)间贫富分布状况的重要手段之一。收敛研究中最常用的一个概念就是β-收敛,该方法是根据新古典增长模型演变而来的,即通过测算地区经济增长的β-收敛系数来考察地区经济增长的收敛性,其中β-收敛系数是指落后地区的某些经济指标接近发达地区水平的速度。所谓β-收敛是指如果落后地区比发达地区增长得更快,则落后地区就会在人均收入(产出)上赶上发达地区,此时存在β收敛,这又分为绝对收敛和条件收敛。绝对收敛是指各地区经济收敛达到相同的长期均衡,其假定地区之间除了初始的资本水平不同以外,其他方面都一致,即不同地区不但稳定状态的人均产出相同,而且技术进步速度、规章制度以及生产组织技术也一样。如果各地区的技术进步速度或人均产出水平不同,就是条件收敛,这表明各地经济增长率不但取决于初始的收入水平,还要受到其他因素的制约,如储蓄率、人口增长率和制度环境等。增长回归法的优点在于验证收敛性是否存在的同时,根据控制变量的显著性可以为经济增长的决定因素研究提供证据支持。

无论在新古典模型或新增长模型中,收敛或发散的一个必要的假设前提是要素的自由流动。如果存在多方面的限制制约要素的自由流动,那么就不会导致要素价格趋同。但要素流动对于区域收敛或发散将会产生多方面的影响,事实上,要素流动性在促使各国或各区域之间能够达到相同的增长率方面确具有较强的作用。Razin 和 Yuen (1997)通过实证研究显示,如果对资本流动性条件加以限制,那么会促使不同国家或区域经济增长趋异,或者说趋于发散。同样地,技术资源的流动性在能够产生溢出效应的情况下对区域产出的趋同或收敛也起到非常重要的作用。如果对技术要素流动性条件加以限制,那么也会导致不同区域或国家的人均产出趋于发散。从我国区域技术要素流动的实践来看,事实上,我国区域技术要素市场发展基本上满足假设前提:体制变革以后,为了尽可能加快当地经济发展,各区域对于制约经济发展相关要素的争夺是十分激烈的,技术资源的特殊性更加使其成为各地争夺的焦点,于是各地为了尽可能地获取技术资源,必然构筑趋同的组织结构,可以说,各地的技术发展取向是一致的,尽管各地存在一定的技术资源遏制,但是在全国范围内的技术资源流动还是相对自由的。

β-收敛的回归方程式为:

$$\frac{1}{T}\log\left(\frac{y_{i,t}}{y_{i,t-T}}\right)=x_i^*+\frac{1-\mathrm{e}^{-\beta T}}{T}\log\left(\frac{y_i^*}{y_{i,t-T}}\right)+\mu_i \tag{8}$$

式中,i 代表某一经济单元,t 表示某一时点,T 为观察期的长度,$y_{i,t}$ 和 $y_{i,t-T}$ 分别为观察期期末和期初的人均产出(人均收入或其他指标),x_i^* 为稳态的人均增长率,y_i^* 为稳态的人均产出,β 则是指向稳态收敛的速度,μ_i 为随机误差项。

实证过程中,如果假定 x_i^* 和 y_i^* 相对于基期保持不变,则上式变为

$$\frac{1}{T}\log\left(\frac{y_{i,t}}{y_{i,t-T}}\right)=B-\frac{1-e^{-\beta T}}{T}\log y_{i,t-T}+\mu_i \tag{9}$$

式中，B 为常数，μ_i 为误差项。

经过回归计算出来的 β 值，如果大于 0 则收敛；反之，则发散。当然，实际应用中，公式中的指标被赋予了新的含义，但这并不改变公式的原意。于是，公式中的 $y_{i,t}$ 和 $y_{i,t-T}$ 则分别表示观察期期末和期初的地区制造业技术效率，为了消除异方差，本研究以自然对数表示，余者不变。从方程式可以看出 β 值取决于初期的生产率水平，与其他因素无关，故测算出来的系数反映的是一种绝对收敛。

运用上述 β 趋同检验模型，分别对我国制造业 1996—2011 年的技术效率进行绝对 β 趋同检验，检验结果见式(10)：

$$\frac{y_{1996}-y_{2011}}{16}=0.2843-\frac{1-e^{-(-0.005\times 15)}}{16*y_{1996}} \tag{10}$$

$T=$　　　(2.540 2)　　　(2.762)

$D.W.=1.909\,2$　　　$R^2=0.816\,5$

结果显示，技术效率表现出趋同的特征，技术效率的趋同速率为 0.5%，且在 10%的显著性上通过 T 检验。也就是说，各地区制造业技术效率在长期中有收敛的趋势，技术效率的增长率存在比较显著的"追赶"现象，即技术效率低的省份平均增长率要大于技术效率高的省份。这一结果表明，各省制造业之间存在显著的技术扩散现象，从而导致各省制造业技术效率的收敛。技术效率收敛是经济收敛的重要途径，根据上述实证分析结果，笔者有理由认为我国各省制造业的差距在缩小。

3.3.2 时间序列检验

增长回归法的优点在于验证收敛性是否存在的同时，根据控制变量的显著性可以为经济增长的决定因素研究提供证据支持，不足之处是不能区分收敛与非收敛之间的中间状态，这正是时间序列分析法所要解决的问题。Quch(1993)等人因此建议采用时间序列方法来研究地区间的经济收敛。时间序列分析法的重点在于探明各国(地区)人均收入差异的长期变动情况，预测这些差异是否会随着时间的推移而逐步消失。为此，研究者分别对各个国家或地区人均收入的时间序列数据进行分析，据此确定他们的人均收入是否具有相同的预测值。用数理统计术语来讲，就是判断这些经济体中人均收入的差异是否具有零均值的平稳随机过程特征。整体而言，截面分析方法在大多数情况下支持收敛假说，而时间序列分析方法则更多拒绝收敛假说。Evans 和 Karras(1996)的研究为这个争议提供了解释。他们指出，β 收敛只有在一些非常严格的限制条件下才会与随机收敛具有可比性。Bernand 和 Durlarff(1996)也指出，截面分析是一个相对于时间序列分析而言较弱的命题。

为了研究区域的收敛性，Bernand 和 Durlarf 在人均产出序列线形确定性趋势和随机性趋势的假定下，给出了收敛和共同趋势的定义：

收敛：对于 $p=1,\cdots,n$，地区人均产出序列 y_{pt}，若

$$\lim E(y_{1,t+k}-y_{p,t+k}\mid I_t)=0 \quad \forall\, p\neq 1 \tag{11}$$

其中 I_t 为 t 时刻的信息集，这里称这 p 个地区经济增长收敛。

收敛的经济意义在于当时间趋向无穷时，t 时刻人均产出差异的期望值为零。在技术上，收敛要求 p 个时间序列具有 $p-1$ 个协整关系，且其协整向量的形式为$[1,-1]$，另外，若产出序列为趋势平稳，则每个地区有相同的时间趋势。

共同趋势：对于 $p=1,\cdots,n$ 地区人均产出序列 y_{pt}，若

$$\lim E(y_{1,t+k}-a'_p\bar{y}_{p,t+k}\mid I_t)=0 \tag{12}$$

其中，$\bar{y}_t=[y_{1,t},\cdots,y_{\bar{p},t}]$，$I_t$ 为 t 时刻的信息集，则称这 p 个地区经济增长具有共同趋势。

共同趋势的经济意义是 t 时刻人均产出的长期预测值成正比例，技术上，具有共同趋势的序列之间有 $r(0<r<p-1)$ 个协整关系，受 $p-r$ 个共同冲击的影响，且其协整向量的形式为$[1,-a]$。

以上定义表明，研究地区间制造业技术效率增长的收敛性关键在于确定这些地区技术效率序列的协整关系。当技术效率序列协整关系的个数 $r=p-1$时，各地区间的技术效率增长有收敛趋势，当技术效率进步序列的协整关系个数 $r<p-1$ 时，各地区间的技术效率增长不存在收敛趋势，只有 $p-r$ 个共同趋势。协整关系的检验通常采用 Johanson(1988)的极大似然法。

由于 Bernard 模型要求较长的时间序列，不宜对我国所有省份的制造业技术效率进行检验。为此，笔者分两步处理，首先，将我国省份分为八大区(东北地区、北部沿海、东部沿海、南部沿海、黄河中游、长江中游、西南地区、西北地区)。采用时间序列法对各大区域的制造业技术效率进行收敛性检验，计算各大区历年的平均效率算值；然后，对所有区域的效率值再进行

收敛性检验。

在判断我国各地区制造业技术效率序列是否存在协整关系之前，需要利用 ADF 检验序列的平稳性，检验结果如表 3-7 所示。

表 3-7 平稳性检验结果

地区	ADF	一阶差分 ADF	检验类型 (c t q)	结论
北京	−1.774	−4.176	(c t 2)	I(1)
天津	−1.808	−5.654	(c t 2)	I(1)
河北	−1.164	−5.076	(c t 3)	I(1)
辽宁	−1.231	−4.554	(c t 3)	I(1)
上海	−1.346	−4.677	(c t 2)	I(1)
江苏	−0.688	−4.765	(c t 4)	I(1)
浙江	−0.887	−5.275	(c t 4)	I(1)
福建	−1.943	−5.354	(c t 4)	I(1)
山东	−2.309	−6.375	(c t 2)	I(1)
广东	−1.908	−4.547	(c t 2)	I(1)
山西	−1.743	−5.876	(c t 2)	I(1)
内蒙古	−1.324	−6.356	(c t 2)	I(1)
吉林	−1.212	−4.245	(c t 3)	I(1)
黑龙江	−1.289	−5.554	(c t 3)	I(1)
安徽	−2.045	−4.576	(c t 2)	I(1)
江西	−1.445	−4.527	(c t 3)	I(1)
河南	−1.575	−5.245	(c t 2)	I(1)
湖北	−2.043	−6.376	(c t 3)	I(1)
湖南	−1.956	−5.056	(c t 2)	I(1)
广西	−1.325	−4.565	(c t 2)	I(1)
四川	−1.857	−4.909	(c t 4)	I(1)
贵州	−1.573	−5.437	(c t 4)	I(1)
云南	−1.837	−5.017	(c t 2)	I(1)
陕西	−0.985	−4.158	(c t 3)	I(1)
甘肃	−2.054	−5.061	(c t 3)	I(1)
青海	−1.246	−4.776	(c t 3)	I(1)
宁夏	−1.609	−5.235	(c t 4)	I(1)
新疆	−2.032	−5.255	(c t 2)	I(1)

表 3-7 显示，我国各地区制造业技术效率序列的 ADF 统计量通过了 1%的显著性水平，而一阶差分序列 ADF 统计量未通过显著性水平，说明可以利用协整方法对其序列进行检验，并根据以上的判断标准对我国各地区内部和地区之间制造业技术效率进行收敛性检验。

因为样本数据量的问题，无法对1996—2011年度我国30个省的制造业技术效率进行收敛检验，因此，笔者仍然按照以上全国八大区的划分标准，首先对各大区内部的制造业技术效率进行收敛检验，然后在各大区制造业技术效率算术平均值的基础上，再对全国八大区进行收敛检验。本研究首先对制造业技术效率序列进行单位根和协整检验，然后根据Bemard模型的判定方法测算八大区之间及其内部的制造业技术效率的收敛性和共同趋势性，检验结果如表3-8所示。

表3-8　地区内和地区间制造业技术效率序列协整关系检验

东北地区		北部沿海		南部沿海		黄河中游		长江中游	
ηr	γ	ηr	γ	ηr	γ	ηr	γ	ηr	γ
356	None**	354	None**	365	None**	357	None**	358	None**
225	≤1**	314	≤1**	154	≤1**	213	≤1**	224	≤1**
178	≤2**	165	≤2**	13	≤2	124	≤2**	176	≤2
21	≤3	56	≤3			53	≤3**	25	≤3
		2	≤4			9	≤4	6	≤4
西南地区		西北地区		东部沿海		八大区域间			
ηr	γ	ηr	γ	ηr	γ	ηr	γ		
345	None**	365	None**	323	None**	350	None**		
243	≤1**	252	≤1**	225	≤1**	246	≤1**		
167	≤2**	154	≤2**	126	≤2**	145	≤2**		
31	≤3**	35	≤3**	41	≤3	65	≤3**		
11	≤4**	7	≤4**			15	≤4		
3	≤5	2	≤5			5	≤5		

注：* 和 ** 表示在5%和1%水平上通过显著性检验。

从表3-8可以看出，对于东北地区，当 $r=3$ 时，出现了第一个不显著的轨迹统计量，这表明东北地区三省制造业技术效率序列之间的协整关系个数 $r=p-1$，根据Bernand模型，可知东北地区内的制造业技术效率在长期有收敛趋势。与东北地区制造业技术效率收敛相似的地区还有南部沿海、东部沿海、黄河中游、西南地区、西北地区；但北部沿海不同，北部沿海的制造业技术效率序列之间只有两个协整关系，其协整关系的个数 $r<p-l=3$，这表

明北部沿海内的制造业技术效率在长期没有收敛趋势，只有 $p-2=1$ 个共同趋势。同样，长江中游地区在长期没有收敛趋势。从全国八大区的制造业技术效率来看，八大地区之间只有三个协整关系，这表明，八大区域制造业技术效率之间也不存在收敛趋势，长期看，各地区受五个共同冲击的影响。

以上检验表明，我国制造业技术效率的空间差距不断扩大，近期来看，还未见趋同的趋势，但是从各区域内部来看，各大区域呈现显著的“俱乐部收敛”特征，而且各区域收敛于不同的均衡水平。东部沿海、南部沿海等经济发达地区由于经济科技的一体化进程加快以及相似的资源条件、产业结构和所有制结构的原因，导致地区内部制造业技术效率呈现“你追我赶”的良性趋同态势。反观黄河中游，西北、西南地区，尽管这些地区资源丰裕，但由于传统经济科技体制的束缚，以及市场分割带来的创新资源配置低下，导致这些地区制造业技术效率朝低水平均衡点收敛。所以，该地区关注的重点是如何消除壁垒，加快技术的扩散和转移，实现研发资源要素的合理流动和优化配置。

3.4 结论

本章使用中国省级面板数据，分别采用随机前沿生产函数方法和三阶段 DEA 方法具体考察了我国制造业技术效率的变化状况，并比较了不同地区制造业技术效率的差异，在此基础上检验了我国制造业技术效率的收敛性。实证分析结果表明：(1) 1996—2006 年期间我国制造业技术效率呈逐步上升的趋势，且东、中、西部三大地区的制造业技术效率也表现出逐渐上升的趋势，但中西部地区制造业技术效率要低于东部地区；(2) 1996—2006 年期间我国制造业技术效率具有显著的收敛性。

根据上述分析结果，从效率角度来看，今后一段时期我国制造业进一步增长的空间和潜力仍比较大，其中一个重要的方面就是要努力提高我国制造业的技术效率。为此，不仅需要进一步加强和改善对制造业的投资，包括优化投资结构和地区分布，提高资本使用效率，而且要重视服务业劳动力素质的提高，这对保持我国制造业的长期增长与均衡发展尤为重要。

第4章

中国制造业全要素生产率测度及变动

自内生经济增长理论产生以来，许多学者通过实证分析探讨了世界各国及地区间经济增长过程中的生产率变动状况。在研究方法上，过去二十多年的实证分析主要集中在三个方面：一是通过建立线性回归方程，估计要素投入与技术进步对经济增长的贡献，由此探讨经济增长的源泉问题；二是进一步分析和发展估计全要素生产率（TFP）增长的理论和方法；三是解释单位资本产出和人均产出的动态分布规律。以 Chow(1993)为标志，中国经济全要素生产率逐渐成为众多国内外学者研究的热点问题。目前，关于中国经济全要素生产率的研究主要集中在中国经济总体（李京文等，1998；王小鲁，2000；张军等，2003；Young，2003）。相比之下，有关对中国具体行业生产率的研究文献比较少，一些文献涉及了目前中国工业部门 TFP 的研究，但目前尚未取得比较一致的结论（Jefferson 等，1992；Groves 等，1994；Huang，1997；Chen 等，1988；李小平等，2005）。而且以上文献没有将全要素生产率进一步细分，因而其能够延伸的经济学含义和政策含义也比较有限。

制造业是工业部门举足轻重的组成部分，目前对我国制造业全要素生产率的研究还比较有限。经过 20 多年的改革和发展，中国制造业发展进入了一个新的历史发展阶段，出现了一些新情况和新问题。面对中国制造业发展的新阶段，制造业全要素生产率的增长及其变化趋势如何？生产率的变化是由技术进步带来的还是由生产效率改进导致的？这些情况在各省、自治区和直辖市有何区别？科学地回答并解释这些问题可以为今后相关产业政策的制订提供有力的支撑。

本研究运用非参数的 Malmquist 指数法，根据 1996—2011 年中国制造业投入与产出的分省面板数据，估计出中国及各地区的制造业全要素生产率增长及其构成的变化，在此基础上考察影响全要素生产率变动的因素。

4.1 中国制造业全要素生产率测算

4.1.1 研究方法:Malmquist 指数法

全要素生产率的估算方法很多,大体可归结为两大类:一类是增长会计法,另一类是经济计量法。增长会计法是以新古典增长理论为基础,估算过程相对简便,考虑因素较少,主要缺点是假设约束较强,也较为粗糙;经济计量法利用各种经济计量模型估算全要素生产率,较为全面地考虑各种因素的影响。经济计量法中有一类方法为潜在产出法,也称边界生产函数法,在目前的研究中得到了广泛应用。其中,非参数 DEA(数据包络分析方法)直接利用线性优化给出边界生产函数与距离函数的估算,无须对生产函数形式和分布做出假设,从而避免较强的理论约束。采用 DEA 方法进行效率分析,实质是借助于"前沿分析法",在前沿分析法中,依据一定的标准构造一个生产前沿面,被评估的决策单元与该前沿面的差距就是它的效率。采用 DEA 方法评估效率,其优势在于无须人为给定各指标的权重,也无须预先给定生产前沿面的生产函数形式,同时它能处理多个输出和多个输入。因此这种方法用于同一行业中效率分析有自己独特的优势。但是无论是 CCR 模型还是 BCC 模型都是对同一行业中的各个单元在同一时间点上进行横向的分析,在比较历史数据方面,DEA 方法存在着自己的不足。

因此,在本研究的分析中,把中国大陆地区的每个省作为一个决策单元,运用 Fare 等人(1994)提出的基于 DEA 的 Malmquist 指数方法来估计中国制造业全要素生产率的变动状况。使用 Malmquist 指数分析法,不但可以分析不同时期决策单元的效率演化,而且可以将 Malmquist 指数分解为技术进步率和技术效率变化率。技术效率指某个经济体实际所处的生产曲线同技术前沿之间的距离,越接近技术前沿,说明效率越高。在实践中,技术效率最主要的表征为 X 效率和配置效率。技术前沿指在现有技术水平下,所能够实现的最大可能产出。显而易见,技术效率与技术进步是两个不同的概念,前者指向技术前沿的逼近,后者指技术前沿的外移。通过分解,可以更加详细地了解提高综合生产率的源泉,避免将效率的变化只归因于某一个指数,而忽视另一个指数的作用。而且 Malmquist 生产率指数不需要相关的价格信息和经济均衡假设,从而避免了较强的理论假设约束。这对实证分析特别重要,因为,一般情况下,相关投入和产出的数量数据比较容易得到，而要素价格等信息的获取通常比较困难，有时甚至不可能。

Malmquist 生产率指数首先由 Caves、Christensen 和 Diewert(1982)引入，由 Fare 等人进一步发展而来。该指数运用距离函数来定义，它用来描述不需要说明具体行为标准（例如成本最小化和利润最大化）的多个输入变量和多个输出变量生产技术。运用定向输出方法或定向输入方法能够定义距离函数（给定输入变量矩阵，一个输出距离函数定义为输出变量矩阵的最优比例项；同样，给定输出变量矩阵，输出变量距离函数可以看作是输入变量矩阵的最小比例项。）在实证分析中，研究者普遍采用 Fare 等人(1994)构建的基于 DEA 的 Malmquist 指数。

在本研究中，运用定向输出变量来测量制造业的效率，输出变量的距离函数定义如下：

$$d_0(x,y)=\inf\left\{\delta:\left(\frac{x,y}{\delta}\right)\in P(x)\right\} \tag{1}$$

其中 x 和 y 表示输入变量和输入变量矩阵，δ 表示 Farrell 的定向输出效率指标，$p(x)$定义为可能生产集合。如果 y 是 $p(x)$的组成部分，则函数的值将小于或等于 1。如果 y 位于可能生产集合的外部边界上，那么函数值将等于 1；反之，如果 y 位于 $p(x)$外部，那么函数的值将大于 1。

从 t 时期到$(t+1)$时期，度量全要素生产率增长的 Malmquist 指数可以表示为：

$$M_0(x_{t+1},y_{t+1},x_t,y_t)=\left[\frac{d_0^t(x_{t+1},y_{t+1})}{d_0^t(x_t,y_t)}\times\frac{d_0^{t+1}(x_{t+1},y_{t+1})}{d_0^{t+1}(x_t,y_t)}\right]^{1/2} \tag{2}$$

式(2)中，(x_{t+1},y_{t+1})和(x_t,y_t)分别表示$(t+1)$时期和 t 时期的投入和产出向量；d_0^t 和 d_0^{t+1} 分别表示以 t 时期技术 T^t 为参照，t 时期和$(t+1)$时期的距离函数。

以 t 时期技术 T^t 为参照，基于产出角度的 Malmquist 指数可以表示为：

$$M_0^t(x_{t+1},y_{t+1},x_t,y_t)=\frac{d_0^t(x_{t+1},y_{t+1})}{d_0^t(x_t,y_t)} \tag{3}$$

类似地，以$(t+1)$时期技术 T^{t+1} 为参照，基于产出角度的 Malmquist 指数可以表示为：

$$M_0^{t+1}(x_{t+1},y_{t+1},x_t,y_t)=\frac{d_0^{t+1}(x_{t+1},y_{t+1})}{d_0^{t+1}(x_t,y_t)} \tag{4}$$

为避免时期选择的随意性可能导致的差异，仿照 Fisher 理想指数的构造方法，Caves 等(1982)用式(3)和式(4)的几何平均值即式(2)，作为衡量从 t 时期到$(t+1)$时期生产率变化的 Malmquist 指数。该指数大于 1 时，表明从 t 时期到$(t+1)$时期全要素生产率是增长的。

根据上述处理所得到的 Malmquist 指数具有良好的性质，它可以分解为不变规模报酬假定下技术效率变化指数(EC)和技术进步指数(TP)，其分解过程如下：

$$M_0(y_{t+1},x_{t+1},y_t,x_t)=\frac{d_0^{t+1}(x_{t+1},y_{t+1})}{d_0^t(x_t,y_t)}\times\left[\frac{d_0^t(x_{t+1},y_{t+1})}{d_0^{t+1}(x_{t+1},y_{t+1})}\times\frac{d_0^t(x_t,y_t)}{d_0^{t+1}(x_t,y_t)}\right]^{\frac{1}{2}} \quad (5)$$
$$=EC\times TP$$

其中技术效率变化指数还可进一步分解为纯技术效率指数(PC)和规模效率指数(SC)。

由于技术效率由纯技术效率与规模效率所组成，因此在技术效率值中有组织规模的影响因素存在。纯技术效率值即是将规模因素抽离，以便在技术效率中，分析在短期内不含规模因素情况下组织的效率如何。若纯技术效率值等于 1，表示该决策单元以较有效率的方式生产；若纯技术效率值小于 1，则表示其未能以较有效率的方式生产，称之为纯技术无效率。规模效率是衡量决策单元是否处于最适规模状态的指标。在经济学意义上，所谓最适规模就是指企业处于平均成本曲线最低点时的生产状态，企业在规模效率下，能够实现利润或经营绩效的最佳水平。当规模效率值等于 1 时，表示该公司具有规模效率，若小于 1，则表示不具有规模效率。

为了度量 Malmquist 生产率指数，需要借助线性规划方法来计算有关投入和产出的各种距离函数。对于 t 时期到$(t+1)$时期第 i 个单元全要素生产率的变化，需要计算如下四个基于 DEA 的距离函数：

$$[d_0^t(x_t,y_t)]^{-1}=\max_{\varphi,\lambda}\varphi$$
$$s.t.\quad -\varphi y_{it}+Y_{t+1}\lambda\geqslant 0$$
$$x_{it}-X_{t+1}\lambda\geqslant 0$$
$$\lambda\geqslant 0$$

$$[d_0^{t+1}(x_{t+1},y_{t+1})]^{-1}=\max_{\varphi,\lambda}\varphi$$
$$s.t.\quad -\varphi y_{i,t+1}+Y_{t+1}\lambda\geqslant 0$$
$$x_{i,t+1}-X_{t+1}\lambda\geqslant 0$$
$$\lambda\geqslant 0$$

$$[d_0^t(x_{t+1},y_{t+1})]^{-1}=\max_{\varphi,\lambda}\varphi$$
$$s.t.\quad -\varphi y_{i,t+1}+Y_t\lambda\geqslant 0$$
$$x_{i,t+1}-X_t\lambda\geqslant 0$$
$$\lambda\geqslant 0$$

$$[d_0^{t+1}(x_t,y_t)]^{-1}=\max_{\varphi,\lambda}\varphi$$
$$s.t.\quad -\varphi y_{it}+Y_{t+1}\lambda\geqslant 0$$
$$x_{it}-X_{t+1}\lambda\geqslant 0$$
$$\lambda\geqslant 0$$

4.1.2 数据来源与处理

本章分析所需要的数据来源与处理过程和前章是完全一致的，具体请参见相关章节内容。

4.1.3 实证分析结果

由于本研究使用的是省级面板数据，因此，在分析中国制造业全要素生产率的增长率时。我们计算了 1996—2011 年之间中国大陆各省制造业 TFP 逐年的 Malmquist 指数，并进行分解。然后，将各省的计算结果进行汇总平均后得到中国制造业 TFP 的总体增长情况。

4.1.3.1 中国制造业全要素生产率增长

表 4-1 列出了 1996—2011 年中国制造业全要素生产率的 Malmquist 指数及其分解结果。纵观 1996—2011 年中国制造业 Malmquist 指数的变化，结果显示出中国制造业全要素生产率在 1996—2011 年间年平均增长 2.9%。从增长阶段来看，TFP 有比较明显的波动特征，分别在 2001—2011 年期间表现出较强的增长趋势，而在 1996—2000 年期间生产率明显下滑，说明制造业生产率的增长机制存在一定程度上的不稳定性。由于制造业部门易受宏观经济形势及国家政策的影响，当国家宏观经济形势有利于其发展时，制造业生产率就表现出相当强劲或稳定的增长；当国家宏观形势处于调整或不利于制造业发展时，制造业生产率就会表现出剧烈的振荡。

根据 Malmquist 生产力指数，本研究进一步将 TFP 变动分解成技术效率和技术进步，以找出它们各自的变动对全要素生产率变动的影响。从全要素生产率分解因素来看，中国制造业全要素生产率主要得益于技术进步水平的提高，其平均增长率为 2.6%；而同期技术效率则为负增长，其平均增长率为－0.4%，其中，纯技术效率平均增长率为 0.4%，而规模效率平均增长率为－0.5%。从最终的估计结果来看，技术效率的下降在一定程度上抵消了技术进步水平提高的效果，表明中国制造业在技术效率方面是下滑的，且技术进步是推动中国制造业全要素生产率增长的主要动力，TFP 对技术进步的依赖性是显而易见的。本研究的结果和张海洋(2005)、赵伟(2005)分别对工业部门和全国范围测算的结果一致，都发现技术进步增长是全要素生产率增长的主要原因。

从变化趋势上看，1996—2011 年期间，中国制造业的技术效率总体上为负增长，导致这种变化的原因可能是，中国的市场经济改革特别是城市经济体制改革在 20 世纪 80 年代中期有了根本性突破，市场化取向的改革极大释放了计划经济体制下被抑制效率潜能。但是，1995 年之后中国制造业的技术效率总体上呈下降趋势，并且多数年份是负增长，这一方面是由于经济改革对制造业技术效率的影响与改革初期相比有所减弱，另一方面是由于制造业的市场化改革还只是刚刚开始，其总体垄断程度还比较高，从而在一定程度制约了技术效率的提高。同时，技术效率的下滑可能与中国"入世"前后大规模的制造业企业重组有关，加上某些地方政府的不当干预，制造业内部出现了一些违背市场规律的不规范资产重组行为，由此打乱了现有的组织结构和发展战略，短期内降低了技术效率，这也许是为了获得开放带来的长期利益所必须承担的短期代价。相比之下，1996—2011 年中国制造业的技术进步非常明显，各年份均保持正增长，成为推动中国制造业全要素生产率增长的主要动力。

表 4-1　中国制造业 Malmquist 生产率指数及其分解(1996—2011)

年份	Malmquist 生产率指数	技术进步指数	技术效率指数	纯技术效率指数	规模效率指数
1995—1996	1.013	1.008	1.003	0.992	1.014
1996—1997	0.976	1.021	0.950	0.991	0.966
1997—1998	0.980	1.038	0.932	1.013	0.918
1998—1999	0.993	1.064	0.947	1.016	0.928
1999—2000	0.995	1.042	0.963	0.996	0.972
2000—2001	1.014	1.044	0.975	0.987	0.985
2001—2002	1.028	1.022	1.002	0.980	1.020
2002—2003	1.023	1.016	1.005	1.035	0.978
2003—2004	1.035	1.015	1.023	1.021	1.010
2004—2005	1.038	1.012	1.013	0.952	1.080
2005—2006	1.059	1.042	1.021	0.992	1.038
2006—2007	1.045	1.034	1.013	0.996	1.023
2007—2008	1.052	1.028	1.020	1.007	1.028
2008—2009	1.042	1.018	1.009	1.012	1.007
2009—2010	1.060	1.032	1.007	1.008	1.014
2010—2011	1.057	1.027	1.012	1.003	1.002
平均	1.029	1.026	0.996	1.004	0.995

4.1.3.2　各地区制造业全要素生产率

为了比较地区差异对制造业全要素生产率增长的影响，我们在已有计算结果的基础上，将本研究考察的 30 个省进一步划分为东、中、西部三大地区。

（1）东部地区。

表 4-2　中国东部制造业 Malmquist 生产率指数及其分解

省份	Malmquist 生产率指数	技术进步变化指数	技术效率变化指数
北京	1.030	1.014	1.023
天津	1.046	1.042	1.004
河北	0.979	0.983	0.990
辽宁	0.990	0.996	0.986
上海	1.018	1.009	1.026
江苏	1.042	1.034	1.012
浙江	1.079	1.058	1.023
福建	1.059	1.054	1.003
山东	1.038	1.029	1.008
广东	1.054	1.045	1.010
海南	0.965	0.980	0.983
平均	1.042	1.038	1.003

表 4-2 列出了 1996—2011 年东部地区各省制造业 Malmquist 生产率指数及其分解结果的平均值。

从 1996—2011 年东部地区平均时间序列来看，制造业全要素生产率的平均增长率为 4.2%，主要是技术进步水平的提高，平均增长率为 3.8%。在东部地区内部，只有河北、海南和辽宁的制造业全要素生产率的平均增长率为负，主要原因是技术进步和技术效率的同时下降，其他各省份均为正增长。其中，全要素生产率增长速度位于前三位的分别是浙江、福建和广东，而且技术进步是推动全要素生产率增长的主要因素，而技术效率的作用并不明显。而北京是东部地区唯一技术效率贡献率高于技术进步贡献率的省份。

（2）中部地区。

表 4-3 列出了 1996—2011 年中部地区各省制造业 Malmquist 生产率指数及其分解结果的平均值。

表 4-3　中国中部制造业 Malmquist 生产率指数及其分解

省份	Malmquist 生产率指数	技术进步变化指数	技术效率变化指数
山西	0.979	0.985	0.982
吉林	1.032	1.028	1.005
黑龙江	0.987	0.992	0.990
安徽	0.985	0.990	0.993

续表

省份	Malmquist 生产率指数	技术进步变化指数	技术效率变化指数
江西	0.963	0.967	0.994
河南	0.956	0.960	0.979
湖北	0.989	0.985	1.004
湖南	0.965	0.978	0.986
平均	0.978	0.982	0.993

从1996—2011年中部地区平均时间序列来看，制造业全要素生产率的平均增长为－2.2%，主要原因是技术进步水平和技术效率的同时下降。在中部地区内部，只有吉林省制造业全要素生产率保持正的增长。值得注意的是，湖北的技术效率贡献率高于技术进步的贡献率。

(3) 西部地区

表4-4　中国西部制造业Malmquist生产率指数及其分解

省份	Malmquist 生产率指数	技术进步变化指数	技术效率变化指数
内蒙古	0.974	0.980	0.988
广西	0.989	0.975	1.007
四川	0.982	0.986	0.993
贵州	0.952	0.964	0.972
云南	0.955	0.962	0.980
陕西	0.971	0.969	0.998
甘肃	0.979	0.983	0.991
青海	0.978	0.989	0.980
宁夏	0.972	1.003	0.975
新疆	1.012	1.004	1.007
平均	0.975	0.984	0.987

从1996—2011年西部地区平均时间序列来看，制造业全要素生产率的平均增长率为－2.5%，主要原因也是技术效率和技术进步同时出现下降，其平均增长率分别为－1.5%和－1.3%。在西部，只有新疆的制造业全要素生产率保持了正的增长。在制造业全要素生产率增长为负的省份中，增长率下降最快的是贵州，平均增长率为－5.5%，主要原因是技术效率与技术进步的大幅下降。

综合以上分析可以看出，在推动制造业全要素生产率增长的动力上，各地区与全国总体水平保持一致，主要是技术进步水平的提高。但中国东部、中部和西部地区制造业全要素生产率增长存在显著差异，且影响全要素生产率增长的原因也不相同。具体而言，东部地区TFP保持着年均4.2%的增长速度，远远高于中、西部地区。这一结果与赵伟(2005)的研究结果基本一致，尽管他以区域整体的TFP作为研究对象，但同样认为，改革开放后，特别是20世纪90年代后，东部地区比中西部地区的TFP增长要快得多，且这种差距有扩大的趋势。1996－2011年间，从生产率的内部构成来看，三大地带表现出不同的特征，从技术效率来看，虽然全国整体平均技术效率出现衰退趋势，但东部地区表现最好，虽然升幅不大，但技术效率呈现出了良好的进步趋势，而中、西部地区的技术效率却出现了明显的下滑。尽管总体上我国制造业技术效率基本没有提高，甚至中西部地区是下降的，但技术进步水平却在地区之间表现出明显的差异，即东部地区的技术进步水平保持快速的正增长，这与中西部地区制造业技术进步水平的低增长形成了鲜明对比。进一步分析可以发现，东中西部地区制造业全要素生产率的上述变动与中国各地区经济发展的实际情况是密切相关的。这一结果表明，1996年以来，技术进步是导致制造业全要素生产率增长进而产生制造业增长地区差异的最重要因素。这也从另外一个角度说明，尽管本研究分析的只是制造业，但仍能反映出市场化改革以来的地区经济发展差距，而导致这种差距的根源在于全要素生产率的差异(主要是其中的技术进步)。因此，提高全要素生产率将是促进中国工业经济增长的关键所在，特别是应重视技术效率的提高。但是，需要注意的是，由于在经济发展水平、工业内部行业结构等方面的差异，在制定相关政策时应当有所区别。

4.2 中国制造业生产率增长因素分解

通过对我国制造业发展的规模报酬、技术效率以及技术进步等生产率增长及构成内容的充分测度与分析发现，我国制造业效率及生产率的增长在地区间、行业间以及不同年份间存在着巨大差异。我国制造业内不同子行业的生产率明显地表现出差异，这从上文的分析中可以很明显地看出。现在一个自然的问题是，是哪些因素影响和作用着我国制造业内部不平衡增长及发展？我们该重点推动哪些因素的成长，以利于我国制造业作用的发挥？目前从现有文献上，还未能充分地论证和寻找这些原因，特别是从实证角度较准确地计量分析极为缺乏。本章在上述各章节基础上，将作进一步的精确的计量验证，以确认哪些因素在制造业成长中起着重要作用，也可以进一步为制造业的成长与发展提供更为深入准确的参考建议；另外，研究这一问题，对政府制定制造业发展政策和财政投入政策、合理配置产业资源有重要的意义。

由以上分析可以看出，我国地区制造业效率存在明显的差异，如果不对这些问题采取足够的重视，一方面将导致我国地区制造业发展差距的持续扩大，另一方面也影响到我国工业增长质量的提升。而在我国这样一个转轨的大国中，影响行业效率的因素是十分复杂的。分析制造业效率差距的影响因素无法通过一两个因素间的比较就得出全面、准确的结论，因为这些因素往往交织融合在一起，发挥合力的影响作用。只是在不同的时期，主要影响因素不同而已。

4.2.1 我国制造业生产率增长的影响因素假说

因素1：影响制造业增长的因素之一就是研究与发展的强度（R&D）。一些研究文献认为，发达国家之所以保持稳定的收入和生产率增长就是因为这些国家每年都有大量的投入用于R&D活动，使这些国家能够长期保持创新的活跃和技术上的领先地位，而欠发达国家或地区虽然可以通过模仿发达国家的先进技术实现快速追赶，即所谓的后发优势，但是当经济发展到一定阶段后，由于技术的复杂性程度越来越高，加之使用这些技术的管理制度的不匹配性，都使落后国家或地区所能利用的后发优势越来越少了。因此，必须注重研究与开发（张维迎，2003）。相当多的研究者也在经验研究中证实了R&D支出对生产率的促进作用，如Cameron（2003）和Griffithetal（2000，2001）等人。Griffithetal（2000）在研究12个OECD国家R&D的作用时，发现越远离生产前沿的国家，如果R&D支出增加较多，那么这些国家生产率追赶的速度就越快。在解释原因时认为，这是由R&D活动所扮演的两个角色造成的：一是R&D的创新激励功能，二是提高吸收或消化新知识的能力。他们指出，一些知识是秘密化的或很难成文的，没有实地的调查是很难获得的。但是通过活跃的智力或技术领域的R&D活动，就能够提升对于这些知识的理解和吸引能力。他们还认为现有的研究文献低估了R&D的社会回报率，造成对R&D活动的认识不足。最后在实证中证实了R&D活动通过创新和技术转移确实促进了生产率的增长。由于R&D活动更多地集中在产业层面上，而产业研发活动也必然能够带动产业技术进步速度的加快和管理水平的提高，最终有利于技术产业效率和生产率水平的提升。

因素2:影响制造业生产率及构成增长变化的第二个主要因素是人力资本。较高的人力资本水平使得劳动者能够更有效地应用现存的实物资本,驱动新知识的发展和传播,并且提高其模仿和应用发达国家所开发的新技术的能力。因此,人力资本成为影响生产率增长的必要因素。一些研究还证实了人力资本对一国产业生产率的增长具有正的外部性特征(sarquis和Jbache,2002)。制造业本身所具有的高R&D强度,活跃的研发能力和实践,必然相应地要求有其他行业所无可比拟的人力资本优势。这些人力资本主要体现在比其他部门具有较高比例的科学家和研发人员。这些人员通过一些创新性的劳动,推动着制造业在管理水平、技术进步等方面的提升。而且它可能在某些情况下比R&D活动更具有优势,因为R&D活动最终要依靠较高的人力资本来消化和实现。

因素3:造成制造业生产率增长地区或行业差异的因素是资本积累作用。产业规模对技术效率的影响与规模经济的概念分不开。西方工业革命后的19世纪末,英国著名的经济学家马歇尔提出了这样一个理论:大型机器设备的广泛应用,必然导致企业规模扩大,而企业生产规模的扩大,有利于企业使用更先进的技术,实行更精细的分工、协作和专业化生产;也有利于产业内部的产品零部件的标准化、通用化,各企业间生产经营的联合化和多样化,大量销售、大量采购和对产品进行综合利用等各种积极因素的充分发挥,从而产生产业规模效应,这就是所谓的"规模经济"。产业规模经济是指产业内企业间通过合并、兼并、协作与联合等形式,促使企业或联合企业的生产经营规模迅速扩大所带来的成本节约和效益提高。产业规模经济有利于提高产业的经济效益和资源优化配置,推进产业结构高度化,还能促进产业内企业组织形式的创新。

企业能否实现规模经济,在一定程度上取决于产业供给规模是否与市场规模相适应。市场规模大小决定了一个产业的市场需求能力和市场销售状况,而需求能力和销售状况反过来影响该产业的生产状况。如果市场规模不足,市场对某一产业的产品需求不足或者对该产业产品的认知不足而导致购买力不足,使得该产业的生产能力闲置,即不能够满负荷生产,既定的投入难以达到最大的产出,也即生产能力过剩,从而形成了技术非效率。由此可见,市场规模大而产业供给规模小,或者市场规模小而产业供给规模大,都不利于产业内企业的规模经济。

产业形成规模效应,还有利于改善产业链及供应链的完备程度。从产业层面来看，产业链是否形成，上游产业所提供的原料、材料及燃料，下游的经销商或者客户的成熟程度、销售网络的健全程度、互补产品的生产供应状况及销售网络健全度等都会影响一个产业技术效率的发挥。以高技术产业为例，高技术产业往往都是一些新兴产业，在产业链及供应链上不是很完备，尽管这个产业的主要技术和主体产品生产已经成熟，但因为产业不成熟，会导致技术非效率，无法在既定技术下，使产出达到最大化。

因素 4:可能对制造业生产率增长具有较大影响的因素是对外开放程度和国际贸易因素。Coe 和 Helpman(1995)发现源于发达国家 R&D 活动的国际技术外溢效应是驱动非发达国家经济增长的一个动力，其中国际贸易扮演了技术外溢效应的中介和传媒。但他们强调国际贸易在引起技术外溢并促进非发达国家经济绩效或生产率提高的同时，不会对非发达国家产生持久的内生经济增长过程。Cameron(2001)在实证中也发现，国际贸易对生产率的提高的影响力较弱，认为它只是简单地加快了发达国家向发展中国家技术转移的速度而已。贸易开放将生产要素向通常认为更有效率的出口部门移动而对生产率增长率具有正效应(Feder,1983)。外商直接投资(FDI)也证明对生产率的提高具有较强的正效应，这也直接源于技术和知识溢出效应的假说，随着 FDI 向发展中国家的注入，外国公司必然会带来新的技术和专业知识与操作技能。这种积极的行动是通过成立比本国公司具有更高技术、更有生产效率的外国公司，从而使其带来的技术革新和优良管理方式向本国公司扩散。这种扩散效应会在国内的同业竞争公司中，但更会在国外企业的供应商或者购买商中产生模仿效应(Sun,1998)。

制造业所具备的特殊性质也决定着像我国这样的发展中国家引进外国直接投资和扩大对外开放程度对制造业逐步缩小与发达国家的差距并保持在世界技术前沿水平有着十分重要的意义。显然可以预期 FDI 和国际贸易因素对制造业生产率及构成有着正向的积极作用。

因素 5:市场结构变量。根据传统产业组织理论中的“结构—行为—绩效(SCP)”范式，市场结构可以通过影响企业行为从而影响企业的绩效。在研究市场结构时，通常选择市场集中度这个指标来反映资源配置的状态。由于企业地域上或产业链上的集中，使资源的配置在一定区域范围内变得更容易规范化、规模化、可考证化。高的市场集中度还有助于激励企业的研发活动，提高技术效率，而有效率的企业能够通过更高级的管理技术或生产技术来降低成本和获得较高的利润，相应地也占有了较大的市场份额，结果导致更高的市场集中度，从而形成了一个良性的循环。

因素6:最后一个可能的影响因素是政策性制度因素。所有制对生产效率最直接的影响可以表述为:产权结构健全促进企业激励、监督、约束机制的效率，不同所有制对相应企业的预算约束有所差异。例如，有些学者发现国有企业与非国有企业在激励、监督和约束机制上的差异是导致在竞争条件下企业业绩、效率差距的主要原因。尽管与其他所有制企业相比，国有企业在行业准入、市场退出方式、历史负担以及投融资方面享有优越的待遇，但仍然挡不住巨额的亏损，从各行各业逐渐退出，此现象的原因主要是依赖市场打拼而得以生存的非国有企业的效率更高。中国制造业大规模发展始于20世纪80年代，正值我国经济体制改革和对外开放时期。我国制造业发展具有与其他产业发展不同的条件和特点:① 国家实施大力发展制造业的战略，在财政、金融、税务等方面提供有力支持，创造了有利于制造业发展的环境;② 在国家重点扶持的石化企业中，有相当部分企业国有工业占有相当高的比例;③ 20世纪90年代中期以后，巨大的市场潜力使国外企业和资金纷纷进入国内，使我国制造业中外资占有比例逐步提高。

上述制度因素的变迁可能是中国制造业生产率增长及构成差异的主要原因。本章拟引用国有企业比重这一反映制度性变迁的因素，考察它们对生产率增长的贡献和影响度。当然，影响制造业生产率提高的还远远不止上述几种因素，我们这里根据数据的可得性，选取几种关键性影响因素加以计量考察。

4.2.2 变量选取与回归模型的设定

根据上一节对可能影响我国制造业技术效率的因素进行分析的结果，参照相关文献和中国统计数据的可得性，指标主要从所有制因素、企业规模、市场结构、人力资本、研发、对外开放等几个方面选取。以下是对相关变量的说明和对计量回归方程的设定:

4.2.2.1 制造业全要素生产率增长及构成

分产业1996—2011年的全要素生产率增长(TFP)、技术效率改善(TE)、技术进步变化(TP)的数据均与上文使用非径向和非角度的非参数Malmquist生产率指数及分解结果是一致的。具体的结果，我们在上文已经有详细的分析，这里不再赘述。这些结果作为计量回归方程的被解释变量。

4.2.2.2 研究与发展(R&D)支出

这里我们使用的是制造业研究与发展经费内部支出费用，作为R&D

变量的计算基础，使用对应的国内生产总值平减指数对此进行平减，得到以1990年为不变价格的实际R&D支出。

4.2.2.3 人力资本(H)

不同的人力资本度量方法有着不同的优点与不足，根据我国现有的数据基础和数据可靠性，本模型将采用科技活动人员度量人力资本存量。对于其中部分未能直接获得的数据，也采用统计估算方法，根据已有数据进行线性内插与线性外推。

4.2.2.4 资本投入(K)

资本投入以各省制造业基本建设投资和更新改造投资来替代，其中初始资本存量的估计采用kohli(1978)的方法，假定1978—1995年之间各省制造业投资的实际增长率与其实际产值的增长率是相同的，这样可以得到初始资本存量。历年资本存量的估计采用国际通用的永续盘存法，并在估计之前用各省1996—2011年固定资产投资价格指数来折算实际的资本形成。

4.2.2.5 外国直接投资(FDI)

由于我国外商直接投资在各年份间没有相应的增长指数或平减指数或近似价格指数用以平减外国直接投资，这致使各年份间无法进行动态比较。我们这里用以美元计的外国直接投资首先以各年人民币对美元的汇率换算为人民币计价FDI，作为FDI对制造业产业生产率变动作用和影响的近似变量。

4.2.2.6 市场结构(STR)

考察市场结构是否对生产率产生影响时，考虑到市场结构主要反映在集中程度与竞争程度方面，所以用市场结构变量。但行业集中度的精确数据很难考证，所以取各行业企业数量来表示行业的竞争程度。

4.2.2.7 制度变量(国有企业增加值比重SOE)

正如上文分析的那样，由于制造业巨大的利益吸引，其他性质的资本已经逐步参与到我国制造业上来。因此，国有企业增加值比重有逐渐缩小之势，这一指标作为制度的替代变量还是比较合适的。

根据上述变量的解释和说明，设定技术进步、技术效率以及全要素生产率的三个方程，以检验以上变量的影响。三个检验方程因此可表述如下：

对于技术进步增长来说：

$$\begin{aligned} \mathrm{TP}_{it} = a_0 + a_1 \mathrm{LnRD}_{it} + a_2 \mathrm{LnH}_{it} + a_3 \mathrm{LnK}_{it} + \\ a_4 \mathrm{FDI}_{it} + a_5 \mathrm{STR}_{it} + a_6 \mathrm{SOE}_{it} + a_i + u_{it} \end{aligned} \quad (6)$$

对于技术效率改善来说：

$$TE_{it}=b_0+b_1LnRD_{it}+b_2LnH_{it}+b_3LnK_{it}+ b_4FDI_{it}+b_5STR_{it}+b_6SOE_{it}+a_i+u_{it} \tag{7}$$

对于全要素生产率增长来说：

$$TFP_{it}=c_0+c_1LnRD_{it}+c_2LnH_{it}+c_3LnK_{it}+ c_4FDI_{it}+c_5STR_{it}+c_6SOE_{it}+a_i+u_{it} \tag{8}$$

在确立了基本的计量模型之后，就要进行基础数据的采集和计量方法的选用。本研究采用国际上通常采用的 Panel Data（面板数据）进行分析。由于面板数据既包括时间序列数据又包括横截面数据，可能产生异方差和序列相关性的问题，从而使普通最小二乘法（OLS）失效，因此本研究在数据可以得到的情况下，尽量采用处理联立方程组时经常采用的似然不相关（SUR）方法进行检验，以消除异方差性和序列相关性现象的影响。

方程（8）的系数除 SOE 外，其他预期都可能对 TFP 的增长有正向的显著影响，因此预期为正；SOE 的系数预期为负，说明随着制造业国有比重的下降，民营和外资的进入有利于我国制造业生产率的提高。但对于方程（6）和（8），由于作用方式的不同，系数预期作用亦不同，因此亦无法判断作用的方向和符号。

另外，还需要说明的是被解释变量 TP、TE、TFP 均以百分比表示，研发支出 R&D、人力资本 H、资本积累 K、市场结构 STR 均以自然对数的形式表示，FDI 和国有企业比重 SOE 均以百分比形式表示。

4.2.3 回归结果

4.2.3.1 分地区面板数据回归结果

表 4-5 各因素对制造业生产率增长及构成的影响结果（分地区）

影响因素	变量	TFP 系数	T 检验	TP 系数	T 检验	TE 系数	T 检验
常数项		132.233***	6.092	54.451***	4.443	31.023	0.643
研发支出	LnRD	2.556***	4.432	2.112***	5.343	0.765	0.453
资本积累	LnK	2.843*	1.410	0.343*	2.112	1.343*	1.663
人力资本	LnH	1.354***	5.112	1.145**	2.441	0.675	0.554
FDI 比重	FDI	0.409**	1.922	0.143**	2.118	0.343*	1.654
出口比重	EX	0.254	0.633	0.221**	2.432	0.243	0.809
调整的 R^2		0.690	0.594	0.565			

注：*** 表示在 1%水平显著，** 表示在 5%水平显著，* 表示在 10%水平显著。

表 4-5 报告了分区域的面板数据模型估计结果。表 4-5 的结果分别对应于检验方程（8）、（6）和（7），估计方法均为面板数据的双向固定效应模型。

Panel Data 模型得到广泛应用可能有三个方面的主要原因：一是普通的模型可能遗漏变量，而这些变量可能会对被解释变量有很大的贡献，不考虑它们会产生严重的估计偏差。但是一个模型中往往很难包含所有的重要解释变量。面板数据的固定效应模型的最大优点是它能够尽量避免遗漏解释变量问题，而且又避免了对解释变量的选择难题。二是普通模型当加入过多的解释变量后，多重共线性和自相关等影响模型估计精度的问题随之出现。而 Panel Data 模型由于扩大了样本数据量，可以有效地降低这些问题的影响。三是 Panel Data 的固定效应模型可以设定截面和时间双向固定效应，考虑了不同个体间不同稳态值，也考虑了个体本身自身稳态值随时间变化而变化的影响。因此，面板数据的固定效应模型在计量检验等方面应用较多，如 Milier 和 UPadhyay(2002)等人还认为使用面板数据的固定效应模型另一优点是不需要在模型中额外再加入其他控制变量，达到以更少的数据得出更多结果的效果。

除面板数据的固定效应模型外，另一个常用的模型是面板数据的随机效应模型。两模型有相似之处，但随机效应假定误差项或未观测变量与解释变量不相关，而固定效应则允许误差项与解释变量可以存在任意的相关关系(wooldridge,2002)。大量的研究也表明，在区域经济研究中，检验通常都发现了误差项与解释变量的显著相关关系，因此固定效应要优于随机效应(陈钊等,2004)。鉴于上述原因，我们选择面板数据的双向固定效应模型检验中国制造业生产率增长及构成的影响模型。为了稳妥起见，我们分别对上述三个检验方程进行了 Hausman 固定效应和随机效应选择检验，结果发现三个方程均在 1%的水平下拒绝随机效应的原假说，支持固定效应模型的选择。

4.2.3.2 分行业面板数据回归

对行业面板数据，我们采用固定效应和随机效应选择方法——Hausman检验方法。计量方程中的 a_i 表示与特定地区相关的未观察因素，而 u_{it} 则为随即扰动项。其中，i 表示横截面数据，t 表示时间序列数据。由于 a_i 是未观察变量，而且它可能是与解释变量相关的，因此，通常的 OLS 回归将导致解释变量系数的估计偏差。当与特定地区有关的变量 a_i 不随时间变化的时候，通常的估计方法是先将所有变量进行去均值(de-mean)处理然后再进行估计，这样就得到固定效应(FE，Fixed Effects)模型。如果 a_i 不与解释变量相关，就可以采用随机效应(RE，Random Effects)模型。这时，随机效应模型比固定效应模型更为有效。通过比较随机效应模型和固定效应模型，Hausman 检验可以在统计意义上拒绝其中一个模型。当两个模型的估计结果存在显著差异时，这说明 a_i 与解释变量相关，只有固定效应模型可以得到一致的估计结果。如果两个模型的估计结果不存在显著差异，这说明 a_i 与解释变量不显著相关，这时，虽然两个模型都可以得到一致的估计结果，但随机效应模型更为有效，因此，应拒绝固定效应模型。若确定使用面板数据模型，可利用 Hausman 检验来判断是选取固定影响模型还是选取随机影响模型。

根据大量的文献，从区域经济的面板数据模型上大多都选择固定效应模型，甚至不进行 Hausman 检验。但对于行业面板数据，由于相关研究进行得较少，缺乏统一的模型选择共识，所以进行 Hausman 检验以确定模型的选择很有必要。三个模型的 Hausman 检验结果报告在表 4-6 的底部，卡方检验值以及相伴概率确定对于 TPF、TP、TE 对应的模型为随机效应、固定效应和随机效应模型。

从各因素对 TFP 及构成增长影响的计量结果，我们发现研究与发展(R&D)支出对地区 TFP 的增长在 1%的显著性水平下显著为正，表明研究与发展支出对各地区全要素生产的提高具有明显的积极作用，R&D 支出每提高 1%，TFP 的增长就会提高约 2.556%。这与我们事先预期一致。在对 TFP 增长的构成——技术进步的影响也表现为显著的正向积极作用，但其对各地区制造业技术效率的改善上，虽然系数为正，但统计检验不显著。显然，以 R&D 强度区分的我国制造业的 R&D 投入的主要作用是提高产业的技术进步能力，但是却没有带来产业内部管理水平和管理能力的提高，从上述技术效率的比较可以清楚地发现这一现象。

人力资本的影响也完全符合预期，结果显示，每增加 1%的人力资本就会导致我国制造业生产率提高 1.354%。人力资本通过大量的 R&D 的支持，消化与吸收制造业较复杂的技术，在提高技术进步的同时，也相应地使企业管理水平、管理技能“更上一层楼”。因此，人力资本的作用与 R&D 是相辅相成的。

资本积累的作用相当明显地表现为正的显著作用，这与 Connolly 和 Fox(2001)发现的实证结论是一致的。虽然我国制造业经常受政策的影响，投资存在着投资波动幅度大、投资地区差异大、投资增长平稳性差等明显特点，但这些都不能表明资本投资存在过度投资问题，亦不存在资本深化问题，投资于制造业的资本报酬率仍然维持在较高水平上。因此，资本积累对各地区制造业生产率的增长仍然表现出积极的影响。

外国直接投资(FDI)对我国地区制造业技术进步和技术效率改善都有着显著的正向影响,最终导致其对 TFP 的增长亦为正向影响作用,外国直接投资比重每增加 1%将有利于 TFP 增长 0.409%,其中对技术效率改善的作用要大于对技术进步提高的作用。这也和我们正常的判断保持了一致。由于我国制造业相当部分的行业逐步向国际开放,大量引入外国直接投资一方面增加了制造业资本积累,另一方面随着 FDI 的引入,我们同时也引入了国外发达国家先进的管理经验和管理技巧,培训了大批管理和技术人才。因此,FDI 的引入必将导致我国制造业技术效率得到改善,技术进步的作用也将得以发挥。

最后表示我国开放程度的出口比重,其对生产率增长的两个部分的作用表现不同。其对技术进步的作用表现为显著的正向影响,但对技术效率改善却没有表现出统计上的显著性,最终导致其对全要素生产率的增长也表现出统计上的不显著性。这表明,制造业对外交流程度的提高可能首先有利于技术进步的提高,而不是技术效率的改善。这与 FDI 对它们的作用相比差别较大。对此的政策含义表明,大量引进外国先进技术的同时,扩大与外国在制造业领域的合作,将对提高我国制造业 TFP 的增长,缩小与发达国家在此类领域的差距有着重要的积极意义。

从分行业面板数据估计结果与分地区面板数据模型估计结果比较可以看出,两者系数的作用程度和方向存在一致性。R&D 和人力资本投入对制造业技术进步和行业技术效率的改善都有显著的积极影响。资本积累的作用也与地区数据回归基本相同。FDI 和出口的作用也和地区回归一样呈现显著的正向作用。

表 4-6 各因素对制造业生产率增长及构成的估计结果(分行业)

影响因素	变量	TFP		TP		TE	
		系数	T 检验	系数	T 检验	系数	T 检验
常数项		66.232	1.132	1544.533	1.345	45.43	1.454
研发支出	LnRD	2.890***	5.665	2.098**	2.234	1.347**	1.966
资本积累	LnK	4.556**	1.943	2.890**	2.133	3.547*	1.545
人力资本	LnH	3.453**	2.453	2.448*	1.890	1.923*	1.890
出口比重	EX	1.543*	1.533	1.112**	2.245	0.954*	1.756
FDI 比重	FDI	8.654***	4.45	4.641***	6.54	4.440**	2.654

续表

影响因素	变量	TFP		TP		TE	
		系数	T 检验	系数	T 检验	系数	T 检验
国有企业比重	SOE	−0.208**	2.145	−0.313*	1.554	−0.350*	1.645
调整的 R^2		0.567 1		0.555 3		0.456 3	
模型选择		随机效应		固定效应		随机效应	
		Chi2 统计	概率	Chi2 统计	概率	Chi2 统计	概率
Hausman 检验		7.014	0.415	10.258	0.128	4.589	0.658

注：*** 表示在 1% 水平显著，** 表示在 5% 水平显著，* 表示在 10% 水平显著。

由于在地区回归模型中缺乏制度变量——国有企业比重数据，而在行业中却可以得到，因此这一变量在行业回归方程中得以体现。其对生产率增长的回归结果表明国有企业比重每下降 1%，将会促进我国制造业全要素生产率增长 0.208% 左右，相应可以使技术进步增长 0.313%，使技术效率改善 0.35%。回归结果清楚地表明，随着国有企业以外的资本和技术在制造业领域的逐步投入，制造业的生产率水平也相应地得到提高和改善。因此，适当地引入民营和外资进入我国制造业，打破国有企业的垄断，对提高我国制造业的国际竞争力和效益有着重要的作用。

4.3 本章小结

本章运用省级面板数据，采用基于非参数的 Malmquist 指数方法定量考察了 1996—2011 年我国制造业增长过程中全要素生产率的增长情况，并将其进一步分解为技术效率和技术进步。研究结果表明，1996—2011 年我国制造业全要素生产率的平均增长率为 1.8%，主要原因是技术进步水平的提高，但技术效率下降产生的负面影响也不可忽视，且在不同时期技术效率和技术进步对我国制造业全要素生产率增长的贡献存在一定差异。同时，东部、中部和西部地区之间与地区内部服务业全要素生产率也存在显著差异。

根据上述分析结果，要提高我国制造业全要素生产率水平，需要同时重视技术效率和技术进步水平的提高。单独依靠一个方面，全要素生产率的增长将是有限的，这已为我国制造业发展的实践所证明。为此，采取有效措施，加快我国制造业的市场化改革势在必行，这对于提高制造业技术效率具有重要的积极意义。在我国加入 WTO 和经济体制改革不断深入的背景下，这也是今后一段时期促进我国制造业持续快速发展的有效途径。另外，本章的分析结果也从一个侧面表明，如果能采取适当的政策措施，促进我国制造业全要素生产率的提高，今后一段时期我国制造业保持快速增长是完全可能的。

接下来，本研究实证考察了影响制造业生产率增长的几个主要因素，从地区和行业角度检验了这些因素分别对技术进步、技术效率改善及最终的全要素生产率增长的影响程度和作用方向。

研究发现，研究与发展(R&D)支出对地区 TFP 的增长显著为正，表明研究与发展支出对制造业全要素生产率的提高具有明显的积极作用。人力资本的影响也完全符合预期，人力资本通过大量的 R&D 的支持，消化与吸收制造业较复杂的技术，在提高技术进步的同时，也相应地提高企业管理水平、管理技能。因此，人力资本的作用与 R&D 是相辅相成的。资本积累的作用相当明显地表现为正的显著作用，这与 Connolly 和 Fox(2001)发现的实证结论是一致的。资本积累对制造业生产率及构成的增长仍然表现出积极的影响。外国直接投资(FDI)对我国制造业技术进步和技术效率改善都有着显著的正向影响，最终导致其对 TFP 增长亦为正向影响作用，其中对技术效率改善的作用要大于对技术进步提高的作用。这也和我们正常的判断保持了一致。由于我国制造业相当部分的行业逐步向国际开放，大量引入外国直接投资一方面增加了制造业资本积累，另一方面随着 FDI 的引入，我们同时也引入了国外发达国家先进的管理经验和管理技巧，培训了大批管理和技术人才，因此，FDI 的引入必将导致我国制造业技术效率得到改善，技术进步的作用也将得以发挥。国有企业比重也被证明随着民营、外资经济成分的加入而有利于制造业整体生产率的提高。

第5章

环境约束下中国制造业效率测算

在经历了长达三十多年的“经济奇迹”之后，我国已经提前出现了西方发达国家工业化过程中分阶段出现的环境污染问题，透支的环境容量与环境承载能力已经难以支撑粗放的经济发展模式（张红凤等，2009）。忽略经济发展过程中的环境污染代价可能对中国当前和未来的经济社会发展造成较大的成本损失（World Bank，1997），更为严峻的是，由于环境污染造成的影响具有累积与放大效应，发展到一定时期有可能变为不可逆转的恶化。面对传统意义上的资源与经济发展的“两难困境”到现在资源、环境与工业发展的“三方纠结”，国家适时提出了“两型社会”的建设目标，即构建围绕转变经济发展方式，以提高资源利用效率和生态环境保护为核心的新型工业。面对资源和环境的双重约束，探寻“两型社会”增长与发展新的突破口，并实现资源、环境与经济增长协调发展已成为目前迫切需要解决的课题。

5.1 问题的提出

关于环境的评价和影响因素是国内外学者关注的重点，Grossman 和 Krueger（1995）认为，经济增长与资源消耗和污染排放之间呈现“倒U”型曲线特征，即环境库兹涅茨曲线（EKC）。他们把影响环境表现的因素归结为三种：规模效应、结构效应和技术效应，这三大效应基本上概括了影响地区（国家）环境表现的内部影响因素。但是以上三大效应无不与经济单元的地理空间因素联系，随着特定地理上经济活动集聚性和区域之间的空间联系不断强化，其环境表现也必然受到众多溢出效应的影响，O'Brien 和 Leichenkob（2000），Grimes 和 Kentor（2003），Jorgenson（2007）等做了进一步的研究，他们从集聚、贸易、地理等空间联系的角度分析了影响一国环境的机制。尽管对于空间渠道的分析结果并不一致，但是相比传统的“封闭”

研究显然有了进步,因此合理评估环境的空间效果也越来越重要。

环境的空间效应一般包括特定区域内部的集聚效应和区域之间的地理效应与贸易效应。关于区域内部的集聚性研究,无论是新经济地理理论还是马歇尔、雅各布斯外部性理论,大多专注于集聚能否促进经济效率(Marshall,1920;Jacobs,1961)。而且一致认为地理空间上经济主体的集聚可以便利知识的传播、资源的共享以及生产要素的匹配从而提高经济效率。但从集聚外部性角度出发研究环境约束下的经济效率问题却鲜有涉足,而且大多数文献只是关注集聚带来的环境负外部性。事实上,环境质量的恶化并不是空间集聚的必然结果,不同的集聚程度和集聚方式可能对应于不同的环境效应,如果能充分发挥集聚的正外部性,是有可能抵消环境负外部性甚至改善环境效率的(杨礼琼,2011)。Wang 和 Wheeler(1996)在对中国省际环境数据的研究中发现大企业拥有削减污染的规模经济,但严格来说,大企业产值在全部产值中所占的比重并不是一个度量经济活动的空间分布指标。Erling 和 Ingrid(2005)认为紧凑型的城市空间结构有利于减少交通碳排放,但也只是从居民居住集中程度来研究。目前还没有文献在更大尺度上关注区域经济活动集聚与环境之间的关系。

另外,一国(地区)的环境政策(环境质量)不可避免地受到相邻地区的影响,表现出环境效率的空间溢出效应。一般认为区域之间存在两种环境效率溢出渠道,一种是地理邻接关联,一方面,通过地表、流域和气流的扩散,地理邻接地区的"环境倾销"问题更严重;另一方面,随着地理距离的扩大,跨越地理距离获得环境技术外溢的成本增加,对各个经济单元来讲,都存在一个它不愿意超越的距离阈值。如吴玉鸣和李建霞(2006)、朱平辉等(2010)考察了中国包含邻接地区间的污染排放,发现地理邻接地区之间存在明显的环境溢出效应。另一种是贸易、投资等经济关联,这方面的研究集中在国家层次,尤其关注"污染避难所效应",由于环境规制强度的差异,发达国家将污染行业转移到发展中国家,通过 FDI 投资和进出口贸易,使得低管制、低收入的国家承担了更多的环境风险和环境压力(He,2006;傅京燕和张珊珊,2011),但以往文献很少关注一国范围内地区之间经贸联系对环境效率的转移问题。而且一国范围内部的环境溢出渠道和方式与国家间的可能有所不同,因为在一国内部,各地区面临类似的政策环境,区域间产业迁移的成本更低,受地理因素的限制会更弱一些(孔元,2012)。

对于环境效率的测算大致包括参数估计法和非参数估计法两类。Murty 等(2006)通过参数估计方法构建了包括期望产出和非期望产出的生产函数来描述生产前沿面,并通过线性规划法获得环境效率,但不同的预设生产函数形式往往会影响到估计结论的稳健性,更多的则是采用非参数估计方法。Cropper 和 Oates(1992),Reinhard 等(2000),Hailu 等(2001)将污染产品作为投入变量处理,这一方法的缺陷在于 DEA 模型对于投入品都是采用一种强可处置性(strongly disposable)假设,这一假设显然不符合现实(Fare 等,2007),因此传统 DEA 模型忽视了投入产出松弛性的问题,导致效率值的评估存在偏差(李静,2009)。事实上,污染过程和生产过程是紧密相关的,并不能简单分割,因此涂正革(2008)、Mandal(2010)等采用"方向距离函数(DDF)"方法,把非期望产出回归到产出品中去,由于生产单元(DMU)与前沿面的距离计算是可以有不同方向的,方向性(径向性)距离函数则可以实现一种既维持期望产出,又能以非期望产出目标的效率计算。

但是,以往文献在测算环境效率时,大都假定所有决策单元都面对相同或类似的技术边界,即技术同质性假设,然后考察决策单元技术无效的根源。考虑到不同决策单元在资源禀赋、经济制度和发展水平方面的明显差异,各地区的环境技术边界必定存在一定程度上差异。如果仍然采用这种假定对总体样本进行效率评估,将无法辨析环境效率差异是源于管理不当,还是由于环境技术边界不同的生产技术问题,同时也会导致测算结果出现偏差。针对这一问题,Hayami(1969)首先提出了共同生产函数(Meta Production Function)概念。而后,Rambaldi (2007) 把共同边界的概念延伸到全要素生产率的估算中,通过距离函数构建了 MML 生产率指数及其分解。近年来,部分文献将共同前沿(Meta frontier)生产率指数运用到不同领域的效率测算中(Bos 等,2007;Chen 等,2008;Matawie 等,2008;Assaf,2009; Chen 等,2009;Huang 等,2010;Assaf 等,2010;Oh,2010;张毅等,2011;王兵,2011)。其中,王群伟(2010)和刘玉海(2011)运用该方法测算了区域(工业)环境效率,但遗憾的是却未对环境效率的空间联系给予关注。

为了弥补以往文献的不足,本研究试图做如下方面的拓展。首先,结合拓展的 SBM 方向性距离函数和 Meta-frontier 效率函数测算我国区域制造业环境效率,以充分考虑异质性技术对区域制造业环境效率评价的影响。

其次，利用探索性空间分析方法（ESDA），基于技术异质性的前提下，将集聚外部性和地理、贸易等空间因素纳入制造业环境效率的分析框架中，考察制造业环境效率溢出的空间渠道和效应，并分析其他因素对制造业环境效率的影响，以期对我国今后节能减排及区域制造业协调发展战略提供一定的参考。

5.2 碳约束下的制造业环境效率测算

5.2.1 SBM效率函数

由于数据包络分析（DEA）具有无须设定函数形式及参数估计的优点，多数文献采用该方法解决非合意产出的效率评价问题。但是在评价过程中大都采用的是径向、角度处理，即未考虑投入和产出变量的松弛性问题，从而会高估评价单元的效率（Tone，2001；Zhou等，2006）。为了克服以上缺陷，Fare和Grosskopf（2009），Fukuyama和Weber（2009）在Tone（2001）非径向、非角度的SBM效率模型基础上进行改进，提出了更加一般化的非径向、非角度的方向性距离函数。该方法将松弛变量直接纳入到目标函数中，一方面能解决忽视非合意产出对效率评价带来的误差，另一方面也解决了投入产出松弛性的问题。根据Tone（2003），Fukuyama和Weber（2009）的研究，本研究定义资源和环境约束下的SBM方向性距离函数为：

$$S_V^t(x^{t,k'},y^{t,k'},b^{t,k'},g^x,g^y,g^b)=\max_{s^x,s^y,s^b}\frac{\frac{1}{N}\sum_{n=1}^{N}\frac{s_n^x}{g_n^x}+\frac{1}{M+1}\left[\sum_{m=1}^{M}\frac{s_m^y}{g_m^y}+\sum_{i=1}^{I}\frac{s_i^b}{g_i^b}\right]}{2} \quad (1)$$

$$s.t.\sum_{k=1}^{K}z_k^t x_{kn}^t+s_n^x=x_{k'n}^t,\forall n;\sum_{k=1}^{K}z_k^t y_{km}^t-s_m^y=y_{k'm}^t,\forall m;\sum_{k=1}^{K}z_k^t b_{ki}^t+s_i^b=b_{k'i}^t,\forall i;$$

$$\sum_{k=1}^{K}z_k^t=1,z_k^t\geqslant 0,\forall k;s_n^x\geqslant 0,\forall n;s_m^y\geqslant 0,\forall m;s_i^b\geqslant 0,\forall i$$

$(x^{t,k'},y^{t,k'},b^{t,k'})$是省份$k'$的投入和产出向量，$(s_n^x,s_m^y,s_i^b)$是表示投入和产出松弛的向量，$(g^x,g^y,g^b)$表示好产出扩张、坏产出和投入压缩的取值为正的方向向量。考虑到线性规划的约束条件为等式，当(s_n^x,s_m^y,s_i^b)均大于零时，表示投入和非合意产出大于边界的投入和产出，而合意产出则小于边界的产出。那么，(s_n^x, s_m^y, s_i^b)表示投入冗余、非合意产出过度生产和合意产出生产不足的量。进一步，目标效率为投入无效率和产出（合意产出和非合意产出）无效率均值的最大化。由于环境无效率值越小表示效率水平越高，为了使得回归结果符合传统习惯，我们利用公式 $E=\frac{1}{(1+IE)}$将环境无效率值转换为环境效率值，转换之后的值在 0 与 1 之间。为此，本研究采用改进的 SBM 模型，以更加准确地测算资源和环境双重约束下的我国制造业环境效率。

5.2.2 Meta-frontier 效率函数

传统 DEA 方法在对决策单元效率进行评价时，其假定所有决策单元都面临同质性的技术水平。但是，当研究样本为地区时，由于各地区在资源禀赋、经济制度和经济结构方面的巨大差异，必然导致各地区技术边界的异质性。如果利用全体样本数据对效率进行评价，必然会使得各地区效率值产生偏差。为此，Battese 和 Rao(2002)构建了共同边界生产函数(Meta-frontier Production Function)模型，首先将决策单元划分为不同的组群，然后通过随机边界分析方法(SFA)构建共同边界和组群边界，并测算出共同技术效率和组群技术效率。但是，其潜在的假定是所有决策单元均有潜力达到共同的技术边界，导致共同边界无法包络所有的组群边界(Rao 等，2003)。针对这一问题，Battese 等(2004)以线性规划方法代替 SFA 方法来估计决策单元的共同边界。在此基础上，O'Donnell 等(2008)进一步构建了基于 DEA 方法的共同边界和组群边界的分析框架。该方法的基本思路是先构建组群边界，不同组群分别对应相应的技术边界，不同组群可以构建一个共同边界。

对于 DEA 模型中的决策单元(DMU)，通过投入($x\in R_+^M$)可以得到产出($y\in R_+^L$)。当考虑所有决策单元时，其面对的是共同技术集合：$T^{meta}=\{(x,y)\mid x\geqslant 0; y\geqslant 0; x\cdot \text{can}\cdot \text{produce}\cdot y\}$，则生产可能性集 P 定义为：$P^{meta}(x)=\{y\mid (x,y)\in T^{meta}\}$，其上界即为共同边界(Meta-frontier)。此时，基于共同技术效率的共同距离函数可以表示为：

$$0\leqslant D^{meta}(x,y)=\inf_{\theta}\left\{\theta<0 \,\middle|\, \left(\frac{y}{\theta}\right)\in T(x)\right\}=TE^{meta}(x,y)\leqslant 1 \qquad (2)$$

同理，倘若按照一定的标准将所有决策单元划分为 k 个子组群，每个样本所面对的是所在组群的技术集合 $T^k=\{(x,y)\mid x\geqslant 0; y\geqslant 0; x\cdot \text{can}\cdot \text{pro-}$

duce · y}，则生产可能性集可定义为：$P^k(x)=\{y|(x,y)\in T^k\}$，其上界即为组群边界(Group-frontier)。此时，基于组群技术效率的组群距离函数可以表示为：

$$0\leqslant D^k(x,y)=\inf_{\theta}\left\{\theta>0\,|\left(\frac{y}{\theta}\right)\in T^k(x)\right\}=TE^{\text{group}-k}(x,y)\leqslant 1 \qquad (3)$$

Battese 等(2004)指出了组群边界的如下特性：第一，对于任一组群 k 而言，如果$(x,y)\in T^k$，则$(x,y)\in T$；第二，如果$(x,y)\in T$，那么必定存在一个组群 k 满足$(x,y)\in T^k$；第三，共同技术集合必定包络所有组群技术集合，即 $T^{\text{meta}}=\{T^1\cup T^2\cup L\cup T^k\}$，且共同边界是一条不低于组群边界的包络曲线；第四，如果 $P^{\text{meta}}(x)$是凸性的，并不代表 $P^k(x)$也是凸性的。根据式(2)和式(3)可以得知：$D^{\text{meta}}(x,y)\leqslant D^k(x,y)\Rightarrow TE^{\text{meta}}(x,y)\leqslant TE^{\text{group}-k}(x,y)$。

根据组群边界下的实际产出水平与共同边界下的实际产出水平的比值可以得到共同技术比率(Meta-technology Ratio，MTR)，其运算表达式如下：

$$0\leqslant \text{MTR}^k(x,y)=\frac{D^{\text{meta}}(x,y)}{D^k(x,y)}=\frac{TE^{\text{meta}}(x,y)}{TE^{\text{group}-k}(x,y)}\leqslant 1 \qquad (4)$$

式(4)表示，在相同的要素投入水平下，决策单元在组群 k 下的生产技术相对于共同边界生产技术的差距，这一技术差距是由特定组群制度结构所造成的。如果 MTR 值越高，表明决策单元的实际技术水平越高，即决策单元所使用的生产技术越接近潜在的生产技术水平；反之亦然。式(4)可进一步整理为式(5)，表明共同技术效率可以进一步分解成两部分的乘积：一部分是组群边界技术效率；另一部分是组群边界技术和共同边界技术之间的技术差距。

$$TE^{\text{meta}}(x,y)=TE^{\text{group}-k}(x,y)\times MTR^k(x,y) \qquad (5)$$

共同技术效率、组群技术效率和共同技术比率可以由图 5-1 来说明。

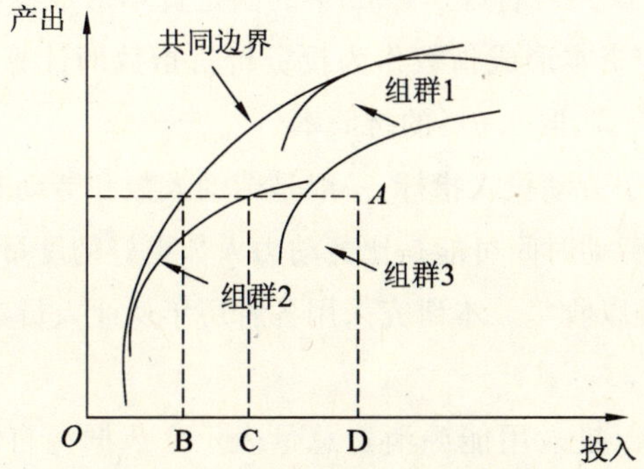

图 5-1　共同前沿与组群前沿

在图 5-1 内假设组群 1、2 和 3 分别为中国三大组群(东、中、西),且共同边界为凸函数,那么地区 A 的共同边界技术效率、组群边界技术效率和共同技术比率分别表示为:

$$TE^{\text{meta}}(A)=\frac{OB}{OD};\ TE^{\text{group}-k}(A)=\frac{OC}{OD};\ MTR^{k}=\frac{\frac{OB}{OD}}{\frac{OC}{OD}}=\frac{OB}{OC} \qquad (6)$$

5.2.3 变量选取和数据来源

本研究样本涵盖了我国 29 个省、直辖市和自治区,不包括西藏、海南(数据部分缺失)和港澳台地区,考察期间为 2000—2010 年。选取资本、劳动和能源为投入变量,各省份 GDP 为好产出,污染排放为坏产出。数据来源于历年的《中国统计年鉴》、《中国能源统计年鉴》、《中国环境统计年鉴》、《中国工业经济统计年鉴》、《中国区域经济统计年鉴》和中国资讯行数据库。指标选取界定如下:

好产出:本研究选择国内生产总值(GDP)作为衡量我国省(区)经济产出指标,并按 2000 年不变价格折算。

坏产出:考虑到目前文献对于碳排放量的计算尚未达成共识,大都通过对能源消费的间接计算而得。本研究借鉴郑长德等(2010)的方法,用各省份的能源消费总量(单位为万吨标准煤)乘以每吨标准煤的碳排放系数(2.499)得到碳排放量。

资本投入:资本投入用资本存量(张军等,2004)表示,由于无法直接获取资本存量数据,本研究采用 Goldsmith 提出的永续盘存法模拟出中国各省(区)资本存量,基本公式为:$K_t=I_t+(1-\delta)\times K_{t-1}$。其中,$K_t$ 为 t 期的资本存量,I_t 为 t 期的投资额,δ 为折旧率。当年投资 I_t 用当年固定资本形成额表示,基年资本存量 I_0 用各省(区)1952 年的固定资本形成额除以 10%表示,当年投资指标以固定资本形成指数作为投资价格指数的计算依据,然后统一以 2000 年不变价格折算,取 9.6%的折旧率。

劳动投入:关于劳动投入指标,一般是劳动人数和劳动时间。但在衡量劳动力投入作用时,劳动时间可能是比劳动力人数更好的度量,但是关于劳动时间和质量的数据难以收集。本研究采用各省历年从业人员数作为劳动投入量指标。

能源投入:能源投入用能源消费总量表示。数据源自《中国能源统计年鉴》中的地区能源平衡表,包括原煤、洗精煤、其他洗煤、焦炭、原油、汽油、煤油、柴油、燃料油、液化石油气、焦炉煤气、其他煤气、天然气、热力、电力等共20种细分品种能源终端消费的实物量，将其按《中国能源统计年鉴》附录4中的标准煤折合系数折算为万吨标准煤。

本研究沿用东部、中部和西部的区域划分法[1]，中国投入产出的区域分布情况如表5-1所示。从三大经济区域来看，东部经济增长率最高，劳动力增长率、资本增长率和能源消耗增长率也最高，东部无疑是我国经济的重要基地，其产值份额高达72%，但从能源消耗与碳排放份额来看，东部分别达到了48%、52%，显然，东部也是全国能源消耗与碳排放的重要区域。但从碳排放量的年平均增长率来看，西部超过了东部和中部，同时，西部的产值增长率超过了中部，这可能与西部大开发战略对当地经济发展的推动作用有关。三大区域均有较高的资本投入增长率，且都高于就业人口增长率，显示了广泛的资本深化特征，西部的劳动力数量呈微弱下降趋势，导致其资本深化趋势更为明显。

表5-1　地区投入产出变化率及所占份额(2000—2010)

地区	平均增长率(%)					在全国所占份额(%)		
	K	*L*	*E*	*Y*	*C*	*E*	*Y*	*C*
东部	7.52	4.75	9.90	14.90	9.51	47.78	71.23	52.12
中部	4.50	0.92	8.93	11.27	8.62	29.23	17.01	28.12
西部	6.13	−0.02	9.64	13.93	14.41	22.99	11.76	19.76
全国	6.12	2.67	9.16	14.02	8.94	100.00	100.00	100.00

注：*L*表示劳动投入，*K*表示资本投入，*E*表示能源消费量，*Y*表示国内生产总值，*C*表示碳排放。

5.2.4　测算结果

共同环境效率(MEE)反映了DMU在考虑非合意性污染排放时，其相同投入条件下实际产出到共同边界产出之间的距离；组群环境效率(GEE)则反映了DMU实际产出到组群边界之间的距离。我国东、中、西部环境效率的地区差异如表5-2所示。

[1]　东部包括北京、天津、河北、辽宁、山东、广东、福建、上海、浙江、江苏10省区，中部包括山西、河南、安徽、江西、湖北、湖南、吉林、黑龙江8省，西部包括重庆、广西、四川、贵州、云南、陕西、甘肃、青海、宁夏、新疆、内蒙古11省区(市)。

表 5-2 环境效率的地区差异(2000—2010)

地区	组群环境效率与共同环境效率平均值			组群环境效率与共同环境效率平均变化率(%)		
	GEE	MEE	MTR	RGEE	RMEE	RMTR
东部						
北京	0.943 7	0.930 8	0.986 3	0.114 2	0.176 5	0.108 7
天津	0.956 0	0.938 7	0.981 9	0.218 7	0.072 3	0.107 6
河北	0.918 7	0.838 7	0.912 9	−0.125 4	−0.076	−0.087 6
山东	0.950 4	0.918 7	0.966 6	0.126 5	0.184 3	0.205 4
上海	0.964 3	0.944 8	0.979 7	0.207 6	0.045 4	0.115 4
江苏	0.947 7	0.935 9	0.987 5	0.108 7	0.212	0.213 4
浙江	0.969 8	0.950 8	0.980 4	0.098 7	0.107 6	0.212 3
福建	0.937 6	0.889 1	0.948 2	0.255 6	0.283 3	0.308 7
广东	0.971 2	0.958 7	0.987 1	0.224 3	0.145 0	0.235 4
辽宁	0.934 4	0.855 2	0.915 2	−0.184 3	−0.256 4	−0.087 6
平均值	0.949 3	0.916 1	0.964 5	0.112 6	0.112 4	0.181 7
中部						
吉林	0.914 3	0.689 7	0.754 3	0.345 3	0.289 0	0.213 2
黑龙江	0.924 1	0.697 6	0.754 8	0.245 4	0.166 5	0.136 7
安徽	0.927 6	0.735 4	0.792 7	−0.126 5	−0.321 2	−0.187 6
江西	0.906 5	0.686 5	0.757 3	−0.132 3	−0.098	−0.176 3
山西	0.884 5	0.626 5	0.708 3	0.090 9	0.209 8	0.178 7
河南	0.924 3	0.774 0	0.837 3	0.355 4	0.476 5	0.308 7
湖北	0.923 2	0.724 3	0.784 5	0.312 1	0.265 4	0.298 7
湖南	0.905 4	0.734 5	0.811 2	0.167 4	0.230 9	0.256 5
平均值	0.913 7	0.708 5	0.775 0	0.114 3	0.176 5	0.109 8
西部						
内蒙古	0.926 5	0.756 4	0.816 4	0.408 7	0.284 3	0.321 1
广西	0.914 5	0.765 4	0.836 9	0.187 6	0.143 3	0.184 5
重庆	0.923 4	0.784 5	0.849 5	0.298 7	0.255 0	0.226 6
四川	0.907 6	0.746 5	0.822 4	0.132 4	0.200 9	0.163 3
贵州	0.887 6	0.687 0	0.774 0	−0.226 5	−0.143 2	−0.165 4
云南	0.922 3	0.754 3	0.798 2	0.123 1	0.094 3	0.190 8
陕西	0.912 4	0.717 6	0.817 8	−0.109 7	−0.087	−0.023 4
甘肃	0.912 4	0.726 4	0.796 1	0.304 3	0.116 5	0.177 6
青海	0.932 4	0.787 6	0.844 7	0.095 6	0.227 6	0.116 5
宁夏	0.892 3	0.756 5	0.847 8	−0.043 2	−0.098	−0.065 4
新疆	0.912 6	0.767 5	0.841 0	0.245 4	0.309 8	−0.116 7
平均值	0.913 1	0.748 5	0.822 2	0.135 0	0.137 3	0.073 7

注:GEE 和 RGEE 分别为组群环境效率的平均值和平均变化率;MEE 和 RMEE 分别为共同环境效率的平均值和平均变化率;MTR 和 RMTR 分别为共同环境技术比率的平均值和平均变化率。

从表5-2中各组群的MEE平均值来看，从高到低依次排列的是东部、西部和中部。这表明中西部各省资源浪费和环境污染较为严重，资源、环境与经济发展处于失衡的状态，对环境效率产生较大的负面影响。另一方面，某种程度上也说明中西部有较大的环境效率提升空间。其中，对于平均MEE而言，若按照潜在共同边界技术生产，东、中、西部三大组群分别有8.39%、29.15%和25.15%的效率改善空间。对于平均组群环境效率而言，东部地区表现最好的省份是广东，其对应的GEE值和MEE值分别为0.971 2和0.958 7；河北则表现最差，其对应的GEE值和MEE值分别为0.918 7和0.838 7。这表明，从环境效率来看，与东部地区组群边界技术相比较，广东和河北仍有2.88%和8.13%的效率提升空间；而与潜在共同边界技术相比较，两省份则仍分别有4.13%和16.13%的效率提升空间。同理，在西部地区，与组群边界技术相比较，GEE表现最好的青海和表现最差的贵州仍有6.76%和11.24%的效率提升空间；而与共同边界技术相比较，两省则仍分别有21.24%和31.30%的效率提升空间。在中部地区，与组群边界技术相比较，GEE表现最好的河南和表现最差的山西仍有7.57%和11.55%的效率提升空间；而与共同边界技术相比较，两省则仍分别有22.60%和37.35%的效率提升空间。我们可以发现，所有样本中，MEE不会大于GEE。因为共同边界技术包含了全国的潜在最佳环境生产技术水平，而组群边界技术只能隐含组群内的潜在最佳环境生产技术水平。

接下来，本研究采用Mann-Whitney非参数统计方法来检验中国环境效率在不同环境技术边界下的差异，检验结果如表5-3所示。全国及中、西部地区MEE和GEE在1%水平下存在显著差异。其原因在于：GEE参考的是各自组群内部的潜在最优环境生产技术水平，MEE反映的是全国的潜在最优环境生产技术水平。由于转轨时期我国东、中、西三大地区环境技术发展显著不平衡，中西部欠发达地区的环境生产技术远远落后于东部地区，所以中西部地区的潜在最优环境技术也远低于东部地区，所以两种技术边界下的环境效率存在显著差异。而东部地区的MEE和GEE无显著差异，其原因在于东部地区两种边界下的潜在最优环境技术水平是相同的，即东部地区隐含了全国最优环境技术水平。

表 5-3 两种技术前沿下中国环境效率差异的 Mann-Whitney 检验结果

指标	东部组群	中部组群	西部组群	全国
z 检验值	1.476	4.987	−3.219	4.187
Prob>|z|	0.328 0	0.000***	0.000***	0.000***

注：*、**、*** 分别代表了 10%、5% 和 1%的显著性水平。

共同环境技术比率(MTR)反映了组群边界环境技术水平与共同边界环境技术水平之间的差距。MTR 越高，表明相应制度结构条件下 DMU 的环境技术水平越高，亦即表明 DMU 的实际环境技术水平越接近于共同边界环境技术水平。从表 5-2 可以看出，三大组群的环境技术差距是从东部、西部、中部依次排列的。其中，东部地区的 MTR 为 0.964 5，表明其现有环境技术能够达到潜在共同边界技术水平的 96.45%。一方面，东部地区地处沿海，在吸收和利用国内外先进环保技术方面存在很大优势。另一方面，东部地区的环境规制水平和环境技术创新能力都处于全国最先进水平。所以，东部地区是全国环境技术革新的引领者，是其他地区的标杆。同理，西部和中部地区的环境技术前景不容乐观，其采用的平均环境技术分别达到潜在共同技术边界的 82.22%和 77.50%。由于长期实施的非均衡战略挤压了中西部地区的发展空间，加之中西部地区环保资金和人力投入不足，严重抑制了中西部地区环境技术革新力度，从而加剧了与东部地区环境技术的差距。在东部地区组群中，平均 MTR 最高的地区是江苏(0.987 5)，这表明，将非合意污染排放纳入经济效率评价框架之后，江苏在东部地区组群中的环境技术水平最高，其采用的实际环境技术水平能达到潜在共同边界环境技术水平的 98.75%。同理，重庆和河南分别在西部地区和中部地区组群中环境技术水平最高，其采用的实际环境技术水平分别能够达到潜在共同边界环境技术水平的 84.95%和 83.73%。

共同环境效率变化率(RMEE)和组群环境效率变化率(RGEE)分别表示样本期间内 DMU 实际生产产出与共同技术边界和组群技术边界之间相对位置变动，隐含环境生产技术的潜在追赶。表 5-2 显示，在东部地区组群中，福建的 RMEE 和 RGEE 呈现出大幅度的提升，分别为 0.283 3%和 0.255 6%，表明福建省环境生产技术追赶效应明显；辽宁的 RMEE 和 RGEE呈现出最大幅度的下降，分别下降了 0.256 4%和 0.184 3%。这表明，在环境效率和技术追赶均出现下降的情况下，可以推断出要素投入是辽宁经济增长的主要源泉，但是节能减排约束下的要素累积推动型的增长模式是不可持续的，因此转变经济增长方式，提升当地环境技术和效率是摆在辽宁经济发展面前亟待解决的课题。在西部地区中，内蒙古的实际经济增长在很大程度上得益于其环境效率的提高和技术水平的提升，内蒙古的RMEE和RGEE呈现出大幅度的提升，亦即可以认为内蒙古和新疆是属于技术和效率导向的经济增长形态。而贵州在共同环境效率表现欠佳而环境技术水平又出现衰退的情况下，实际经济增长很大程度上得益于其要素投入的增加。在中部地区组群中，河南的RGEE和RMEE均呈现出最大幅度的提升，分别为0.355 4%和0.476 5%，共同环境技术比率变化率(RMTR)也提升了0.308 7%。表明河南的经济增长很大程度上得益于环境效率的提升以及环境技术水平的提高。安徽的RGEE和RMEE均呈现出最大幅度的下降，分别下降了0.126 5%和0.321 2%；此外，RMTR也呈现出下降的态势，下降幅度为0.187 6%。同样表明在环境技术追赶和环境效率不佳的情况下，要素投入积累仍然是安徽经济增长的主要源泉。

5.3 环境效率空间效应的实证分析

5.3.1 模型设计

国内学者在考察区域环境效率问题时，大多数采用普通最小二乘法进行计量回归分析，忽略了地理空间的溢出效应对环境效率的空间影响。根据Anselin(1998)的空间计量理论，某地区空间单元的经济特征不是孤立存在的，其经济特征与邻近地区同一经济特征总是发生着某种联系，即具有显著的空间相关性特征。这意味着，在考察中国区域环境效率特征的过程中，有必要将地理空间效应作为分析的前提假设，也就是说，本地区与相邻地区的环境可能相互受到影响。空间模型存在空间滞后模型和空间误差模型两种，对被解释变量而言，空间滞后模型用来考察相邻地区该指标的变动对本地区该指标的冲击和影响，因此常被用来估计空间溢出效应；空间误差模型偏向于反映相邻地区解释变量误差冲击的相互作用和关系。对于模型的取舍，一般采用LMERR、LMLAG等方法检验，但就本研究而言，笔者更倾向于分析在特定渠道下的空间溢出效应，借鉴Perkins和Neumayer(2008)的研究成果，我们仅用空间滞后模型来进行估计。空间滞后模型(SLM)，一般表达式为：$Y=\rho Wy+X\beta+\varepsilon$。式中，$Y$为解释变量；$X$为$n\cdot k$的外生因变量矩阵；$\rho$为空间回归系数，测算变量间的空间依存关系；$W$为$n\cdot n$阶的空间关联矩阵；$Wy$ 为空间滞后解释变量；ε 为随机误差项向量。

空间滞后模型的核心要素是空间关联矩阵 W。至于空间关联的界定有不同的认识，传统文献是将 W 设定为地理关联(邻接)矩阵。地理关联因素对环境效率的影响最为直接，一方面，邻接地区面临着相似的制度、文化、资源禀赋，更有利于先进技术和管理模式的模仿和溢出；另一方面，地区竞争因素导致“逐底”效应，这一现象在环境领域更为突出。为了“招商引资”，邻接地区的地方政府间环境政策博弈强化了污染逃避和污染转移。但是随着经济联系的空间多样化，传统区位地理因素日益弱化，Perkins 和 Neumayer(2008)等构建了贸易投资等因素的空间关联矩阵。他们认为，贸易关联对环境的影响存在两种倾向，环境倾销和竞争效应，这两类倾向在邻接地区之间也同样存在，只不过邻接关联更多是受政府行为的影响，而贸易关联则是市场竞争行为导致的。对于贸易关联双方来说，贸易的进口方一般处于产业链的下游，贸易出口方一般处于产业链的上游，上游产业的单位附加值较低，能耗和污染程度也较高。加上地区环境规制强度不同，下游行业倾向于将高污染、高耗能的产业转移到环境管制较弱的地区，两种效应叠加的结果就是上游地区企业承担更多的环境压力和风险，而下游地区则相反，也即表现为贸易关联下的负向环境溢出效应。当然随着贸易的深化和经济实力的增强，原有的上下游分工格局会被打破，产业内贸易更加频繁，在同行竞争和追赶比拼的作用下，这种溢出效应为正(孔元，2012)。

本研究以地区邻接关系矩阵作为地区地理邻接关联矩阵(S')，若地区 i 与地区 j 相连接壤(或 $i=j$)，则元素 $s_{ij}=0$，反之 $s_{ij}=1(i\neq j)$，这样可以获得一个二元矩阵，并对其进行归一化得到 S'，即 $s'_{ij}=s_{ij}\Big/\sum_{i,j=1}^{j=n}S_{ij}$；我们以地区间工业品调入矩阵作为地区间贸易关联矩阵(T')，元素 t_{ij} 意味着地区 i 从地区 j 调入的工业产品价值，并按照地理关联矩阵同样的方法进行归一化得到。我们可以推知：当 W 不变的时候，其他地区的环境效率越高，WY 越高，同理，当 Y 不变时，连接越紧密，WY 也越高。

5.3.2 变量指标选取及数据来源

除了以上两种地区关联溢出因素外，本研究的核心解释变量为空间集聚变量，即考察空间集聚对环境效率影响的外部性。同时还包括影响地区环境效率的特异性控制变量，以纯化空间因素的作用。

集聚外部性一般表现为规模负外部性、马歇尔外部性和雅各布斯环境外部性。由于在经济集聚不同的生命周期过程中，三种外部性对环境的影响非相关（傅十和，2008），所以模型中同时加入规模负外部性、马歇尔外部性和雅各布斯外部性不会导致多重共线性。

从马歇尔外部性看，资源、资本和劳动力集中到某个行业，形成专业化生产，如果考虑到污染排放和治理可能具有的规模经济性质，那么污染一定与经济规模正相关，空间集聚可能是控制污染排放总量和排放强度的重要机制。即在同一行业内部网络化结构中，能充分共享环保设施、集中处理污染排放，以及环保节能技术的共享，从而产生环境治理的规模效应，实现污染排放减少、治理成本降低和利润增加三重目标的统一。马歇尔外部性指数可以表示为：

$$S_i = \sum_p \left| \frac{E_{i,p}}{E_i} - \frac{E_p}{E} \right| \tag{7}$$

其中，$E_{i,p}$ 表示 i 地区 p 产业的就业人数，E_i 表示 i 地区的就业人数，E_p 表示全国 p 产业的就业人数，E 表示全国的就业人数。

与马歇尔外部性不同，Jacobs（1969）则强调知识更容易在互补的产业间溢出，她认为产业的多样化和产业间的知识溢出是经济增长最重要的动力。一个地理空间内融合的产业越多样，越能激发不同主体之间的知识碰撞，为绿色技术创新带来了丰富的知识供给，包括互补性知识、差异化知识以及竞争性知识等，同时产业链中任何企业环保技术的提高都能通过集体学习提升其上下游产业节能治污技术并降低治污成本（沈萧，2007）。Glaeserl（1992）选取除被研究产业之外就业人口前五位产业占总就业的比重代表行业多样性，但该指标无法体现每个产业的相对重要程度。因此，笔者采用改进的 H-H 系统（Herhindahl-Hirsh-man-index）来测算雅各布斯外部性：

$$\mathrm{JAC}_i = \sum_p \frac{E_{i,p}}{E_i} \cdot d_{i,p} = \sum_p \frac{E_{i,p}}{E_i} \left[\frac{\frac{1}{\sum\limits_{p'=1,p'\neq p}^{n}} \left(\frac{E_{i,p'}}{E_i - E_{i,p}} \right)^2}{\frac{1}{\sum\limits_{p'=1,p'\neq p}^{n}} \left(\frac{E_{p'}}{E - E_p} \right)^2} \right] \tag{8}$$

其中，JAC_i 表示 i 地区雅各布斯外部性，该指标为正，表示存在雅各布斯外部性，指标越大表示行业多样性程度越高。本研究所涉及的工业各行业是制造业 29 个两位数行业中除“塑料制品业”和“其他制造业”外其余 27 个两位数行业。

经济集聚在扩大经济规模的同时，不可避免地会增加污染排放，对环境效应产生负外部性。对于经济集聚（V）规模的度量，早期的研究大多用人口或劳动力的数量来衡量，而后续的研究则常用就业密度来衡量一个地区的经济集聚水平。Ciecoin 和 Hall(1996)认为，对于集聚的衡量，就业或人口密度是一个更合适的指标，所以，我们选取了各省区的非农人口密度作为经济集聚水平的度量，理由在于：中国目前正处于工业化和城市化的深化阶段，这一阶段的特征决定了非农就业对于一个地区的经济增长具有重要影响。

关于其他控制变量，结合已有文献，主要考虑经济规模、经济开放度、资源禀赋、环境规制、技术创新等因素。为消除样本数据的非平稳性，所有变量取其自然对数值。

经济规模：以按 2000 年不变价计算的人均国内生产总值表示，记为 GDP；

经济开放度：以外商投资和港澳台商投资工业企业总产值占比，一般认为，外商直接投资可以给东道国带来技术溢出效应，也可能使其沦为发达国家工业的“污染避难所”，该变量记为 FDI；

要素禀赋结构：用工业固定资产净值余额与工业就业人数的比值表示，以反映近些年来中国重工业化与资本深化水平，记为 CAP；

环境规制：选取各省治理污染的总投资与 GDP 比值表示，记为 ERI；

能源消费结构：用折合为标准煤以后的煤炭消费量占能源消费量的比重表示，记为 ES；

技术创新：采用各省研发经费内部支出占 GDP 的比重来表示，记为 RD。

估计结果如表 5-4 所示，所使用的数据来源于历年的《中国统计年鉴》、《中国能源统计年鉴》、《中国工业经济统计年鉴》和《中国科技统计年鉴》。

5.3.3 实证结果

5.3.3.1 空间相关分析

是否需要在回归模型中引入空间效应，取决于我国环境效率在地理空间上的相关性和依赖性。笔者采用全局 Moran's I 指数来检验我国环境效率空间分布是否存在相关特征。其计算公式为：

$$\text{Moran's I} = \frac{\sum_{i=1}^{n}\sum_{j=1}^{n} W_{ij}(Y_i - \bar{Y})(Y_j - \bar{Y})}{S^2 \sum_{i=1}^{n}\sum_{j=1}^{n} W_{ij}} \tag{9}$$

其中，$S^2 = \frac{1}{n}\sum_{i=1}^{n}(Y_i - \bar{Y})$，$\bar{Y} = \frac{1}{n}\sum_{i=1}^{n} Y_i$，$Y_i$ 和 Y_j 分别表示地区 i 和 j 环境效率值的观测值，由于 Moran's I 指数仅能计算空间邻接矩阵的截面数据，故我们汇报的是基于邻接二元矩阵的值。

笔者运用 Geoda 空间计量分析软件对 2000—2010 年我国共同环境效率和三大地区组群环境效率的地理空间相关性进行 Moran's I 检验。测算结果发现，无论是共同环境效率还是组群环境效率都并非完全随机分布，而是呈现出较强的空间地理集群特征。总体上，我国环境效率的地理空间依存趋势逐年增强。环境效率的空间联系是：较高的省区相对趋于和较高的省区相邻，比如低碳技术创新的溢出，政府间好的环境政策政府仿效等；较低的省区相对趋于和较低的省区相邻，比如邻接地区间污染倾销和转嫁现象及政府"逐底"效应（孔元，2012）。但是组群环境效率的空间相关性要强于共同环境效率。这意味着相对于共同环境效率而言，组群环境效率在地理空间上的溢出强度相对要高。

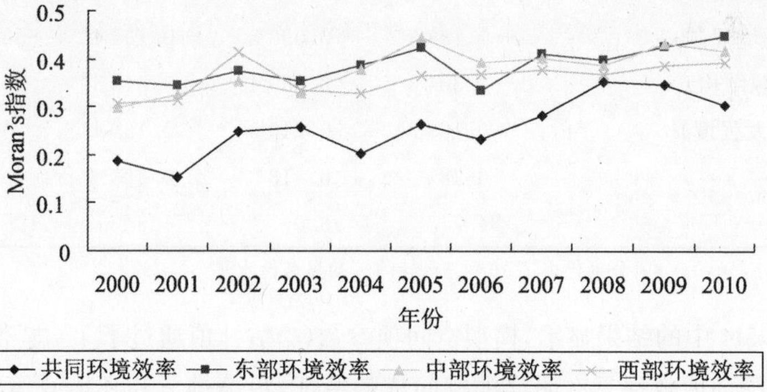

图 5-2 环境效率的空间相关性

5.3.3.2 全国共同环境效率的实证结果及分析

对于空间面板模型检验，传统最小二乘法（OLS）估计会产生系数估计值有偏或无效，本研究拟采用极大似然法（MLE）进行模型估计。何江、张馨之（2006）认为当回归分析局限于一些特定的个体时，固定效应模型是更好的选择；而且空间面板文献大都采用了固定效应模型（何江等，2006；王火根等，2007；吴拥政等，2009）。为此，本研究使用空间固定效应模型。同时又根据空间效应和时间效应的不同控制，进一步细分为四种模型，分别是无固定效应(nonF)、空间固定效应(sF)、时间固定效应(tF)、既有空间又有时间固定效应(stF)。为避免计量分析中出现“伪回归”问题，在实证分析前有必要对有关变量进行平稳性检验。本研究采用ADF单位根检验方法来检验变量的平稳性。检验显示，各序列的原水平值为非平稳，但一阶差分后为平稳，均属I(1)过程序列。采用Matlab7.6软件对共同环境效率模型进行检验，估计结果见表5-4。

表 5-4 全国共同环境效率模型估计结果

变量	空间滞后模型(SLM)			
	nonF	*sF*	*tF*	*stF*
SS′(邻接关联空间滞后项)	−1.308 2***	−1.276 4***	−1.176 3***	−1.287 7***
ST′(贸易关联空间滞后项)	−0.655 3***	−0.587 0***	−0.545 5***	−0.649 4***
MAR(马歇尔外部性)	0.187 5**	0.166 1*	0.187 6**	0.179 7***
JAC(雅各布斯外部性)	0.054 4	0.034 0*	0.059 5	0.045 6
V(集聚规模外部性)	−0.137 2*	−0.153 7	−0.145 3*	−0.142 6*
GDP(经济规模)	0.087 4**	0.076 6**	0.096 3**	0.116 7***
FDI(外商直接投资)	−0.004 5*	−0.005 6*	−0.003 8*	−0.005 4*
CAP(要素禀赋)	−0.265 2**	−0.238 4**	−0.276 6**	−0.245 2***
ERI(环境规制)	−0.132 3**	−0.098 3**	−0.104 4***	−0.129 4***
ES(能源结构)	−0.304 3*	−0.289 4*	−0.310 3**	−0.329 4***
RD(研发强度)	0.183 3*	0.210 3**	0.165 4**	0.190 3**
ρ	0.285***	0.313***	0.323***	0.337***
log*L*	34.7	98.0	76.3	126.8

注：*、**、***分别代表了10%、5%和1%的显著性水平。

表5-4中的结果显示，模型空间项参数(ρ)估计值通过了1%显著性水平，说明我国环境效率具有明显的空间依赖特征，污染排放和环境政策都会对相邻地区产生外部性，由此可见，在环境效率的面板数据检验中，若不考虑变量的空间依存性可能会导致模型估计结果出现偏差。究其原因在于，一方面为了扩大贸易或吸引资金，当地政府必须战略性地控制环境，环境政策的政府间博弈强化了环境效率的趋同性。另一方面，以邻近地区环境政策作为制定本地环境政策的标准，可以减少决策成本，特别是在政策效果不明确的情况下，各个地区环境政策相互模仿而产生环境标准的趋同。而且从模型拟合效果来看，既有空间固定又有时间固定效应模型(log*L*值更大，各统计量更显著)比较

符合客观实际，表明本地区对相邻地区的环境效率冲击一方面体现在整体空间结构性特征，比如我国区域经济发展的不平衡、资源禀赋和环境承载力的差异以及一些未纳入模型中的其他因素；另一方面，时间因素在环境效率的互动中具有重要的作用，体现为环境污染在时间上影响较深远、时滞性较强等特征。

贸易关联空间滞后项（ST′）显著为负，对于既有时间又有空间固定效应模型（stF），ST′的系数为－0.649 4，意味着贸易关联水平越高的地区环境效率水平越高，则本地区的环境效率水平越低，即产业链污染转移效应超过了同行业竞争和学习效应。近年来，随着国内外发展条件的变化，在市场选择和政府推动的双重作用下，东部地区产业结构调整进程不断加速，结合国家加快发展中西部地区战略的推进，一大批以资源消耗型、劳动密集型产业为主的中低端生产加工业逐步向中西部地区转移，中西部地区承接了过多的高排放产业，然后通过国内贸易使得制造了环境风险和环境负担的东部地区享受了较多的环境利益，而处于弱势的中西部地区承担了过多的环境风险和环境负担，导致国内贸易隐含碳排放日趋明显。同时，邻接关联空间滞后项（SS′）显著为负，这一结果与吴玉鸣和李建霞（2006）的估计相似，即邻接地区的环境效率越高，本地区环境效率越低，因此极有可能发生了较强的邻接地区的环境倾销和转嫁效应。

集聚规模（V）系数为－0.142 6，尽管只在10％条件下通过显著性水平，也表明经济集聚在扩大经济规模的同时导致了资源消耗和废弃排放量的增长，从而降低了环境质量。马歇尔外部性系数为正且都通过了显著性水平，与MAR外部性理论的预期完全一致，表明隶属同一产业的企业在地理空间上的集聚，形成专业化生产和规模效应，有效地促进了该产业内企业间的环保节能知识的溢出和共享，降低了绿色创新的成本和风险，减少了单个企业的治污成本，进而改善了环境效率。杨礼琼（2011）研究也发现，空间经济集聚可能是控制污染排放强度和缩小环境效率差异的重要机制。虽然雅各布斯外部性对环境效率的影响为正，但在可接受的水平上并不显著，本研究的研究结果表明，在控制了经济集聚度和MAR外部性后，并未发现支持产业多样性能够显著改善环境效率的证据，这一结论也与刘修岩（2009）的研究结果一致。

就其他控制变量而言，经济规模（GDP）的系数显著为正，表明随着经济发展，环境效率水平会随之提高。王群伟等（2010）也认为经济发展对我国碳排放绩效有显著促进作用。FDI对环境效率的影响为负，但是并不显著；这个结论与涂正革（2008）的结论相一致，他发现，FDI投资规模的增长并没有带来环境效率的提高，污染的避难所假说在中国得到支持。环境规制变量(ERI)显著为负，说明面对严格的环境规制，企业需要投入更多的资金和精力用于治污和减排，从而降低了生产技术创新的提升速度(张成等，2011)。要素禀赋(CAP)对环境效率有显著的负作用。涂正革(2008)认为若要素禀赋结构上升，说明该地区经济结构正从劳动密集型向资本密集型转化，资本密集型产业一般属于重污染产业。能源结构(ES)对于环境效率具有显著的负影响，说明降低煤炭消费比重，促进清洁能源和新能源的工业使用，是改善环境效率的重要途径。研发支出强度(RD)系数显著为正，表明自主研发对环境技术创新的促进作用是存在的(沈能，2012)。

考虑到我国不同地区组群环境技术的巨大差异，有必要按三大组群进行分组检验，一方面可以考察异质性技术对环境效率影响的差异，同时又可以根据区域特征提出针对性的政策建议。同样，采用固定效应的 SLM 模型，按东、中、西三大组群分别估计了回归模型(表 5-5)。结果显示，三大区域 SLM 模型的 ρ 都显著为正，且大于全国整体 ρ 检验值，说明相对于全国来说，东、中、西部三大区域内部环境效率的空间依赖特征更为显著，由于区域内部均质化程度较高，表现为相似的经济发展水平、产业结构和环境技术等，导致区域内部环境效率呈现“俱乐部收敛”的趋势。只不过东部地区显著受惠于邻近地区的正外部性，均向高效率收敛，中西部地区显著受到邻近地区的环境负外部性影响，均向低效率收敛。

表 5-5　东、中、西部三大组群回归模型

地区		SS'	ST'	MAR	JAC	V	ρ	$\log L$
东部组群	nonF	0.445***	−0.766**	0.243***	0.087**	−0.013*	0.443**	54.3
	sF	0.503***	−0.698***	0.217***	0.076**	−0.015**	0.465***	37.7
	tF	0.466***	−0.668***	0.245***	0.078**	−0.022**	0.417***	48.6
	stF	0.489**	−0.703***	0.238***	0.082**	−0.026***	0.446***	65.7
中部组群	nonF	0.236 5***	−0.509***	0.098**	0.045	−0.034***	0.376**	67.5
	sF	0.223***	−0.537**	0.119**	0.065	−0.038***	0.424**	78.4
	tF	0.265***	−0.623**	0.087**	0.044	−0.042***	0.475**	57.7
	stF	0.218***	−0.598***	0.097*	0.053	−0.047***	0.426***	76.5
西部组群	nonF	0.189***	−0.476***	0.055*	−0.007	−0.046***	0.357***	12.6
	sF	0.227***	−0.504***	0.039**	−0.023	−0.053***	0.376***	27.6
	tF	0.176***	−0.537***	0.045*	−0.078	−0.047***	0.318***	17.7
	stF	0.180**	−0.496***	0.039*	−0.054	−0.045***	0.348***	42.5

注：*、**、*** 分别代表了 10%、5% 和 1%的显著性水平。

与全国共同环境效率不同的是，三大地区总体上的贸易关联空间滞后显著为正。其原因在于，区域内部环境技术差距较小，使得产业链污染转移效应不显著，而行业竞争、学习效应递增，导致贸易关联正向效率溢出和邻接关联负向溢出的关系，即贸易关联程度很高的地区之间呈现出相同的环境效率变化趋势，而邻接地区间的变化趋势相反。这也进一步说明邻接地区间的污染转移现象比较突出，由于方向距离函数度量的环境效率同时考虑了工业增加值和环境污染，因此可以判断这种负的效率溢出也伴随着工业生产效率的下降，即污染转移存在一种"趋穷"倾向。

集聚外部性是影响环境效率的一个重要因素，但其影响在不同区域呈现明显差异。东部地区由于市场经济比较发达，产业集聚的内生性较强，加之地处沿海，通过 FDI 和贸易的技术转移增强了其产业集群的环保技术的开发和扩散。不论是马歇尔外部性和雅各布斯外部性对改善环境效率的作用都比较明显。而对于中西部地区，雅各布斯外部性系数不显著，说明中部地区急需要多样化的产业环境，加强中部地区的多元化发展对该区域环境效率的改善有积极影响。另外马歇尔外部性虽然通过了显著性检验，但系数相对较小，说明总体上，中西部地区的集聚外部性对改善环境效率的影响有限。究其原因在于，一方面，中西部欠发达地区经济集聚程度较低，尚未达到集聚对环境效率作用的基本门槛；另一方面，中西部地区的产业集聚更多是政府主导型的，导致产业内和产业间难以发挥以市场为基础的环境"自净"功能。

5.4 结论

本研究从异质性技术的角度出发，结合拓展的 SBM 方向性距离函数和 Meta-frontier 效率函数测算了我国（组群）的制造业环境效率。然后，利用探索性空间分析方法（ESDA），基于技术异质性的前提下，将集聚外部性和地理、贸易等因素纳入环境效率空间效应的分析框架中，考察不同空间渠道对环境效率溢出的效应，并分析其他因素对环境效率的影响。

测算结果显示，从各组群的共同环境效率（MEE）和共同环境技术比率（MTR）平均值来看，不同地区组群之间确实存在环境生产技术水平上的差异，而且经济发展程度越高的地区组群，其环境生产技术水平相应地越高。组群环境生产技术水平上的较大差异导致环境效率呈现东部—中部—西部依次递减的格局。我国环境效率在邻近地域上有明显的连续性和黏滞性，体现为一种空间趋同效应，具有较高环境效率的地区相对地与较高环境效率的城市邻近；较低环境效率的地区相对地趋于与较低环境效率的地区相邻。一个重要的原因是特定地理上经济活动集聚性和区域之间的空间联系不断强化。集聚外部性是改善环境效率的重要机制。不同的集聚程度和集聚方式对应于不同的环境效率，且其影响在不同区域呈现明显差异。其中，马歇尔外部性和雅各布斯外部性对改善东部地区的环境效率较为显著，而中西部地区仅体现了微弱的马歇尔外部性。无论是全国还是区域，地理邻接地区间的污染转移倾向都较为严重；全国而言，贸易联系紧密的地区间有着较强的负向环境效率效应，而区域内部则更多体现学习和正向效率溢出效应，但是这两种关系会随地区的发展阶段和区位特点发生改变。

以上研究结论对节能减排约束下的我国区域协调发展具有重要的理论和实践意义。一方面，在构建“两型”社会过程中，不仅要关注目标区域，还应对邻近地区的空间溢出效应给予充分的关注。中西部地区承接产业转移工作，必须着力在承接中发展，加强环境保护，提高自主创新能力，通过政策倾斜和资金扶持鼓励欠发达地区低碳技术的自主创新，制定实现技术“后发优势”的战略部署，加强与先进地区的低碳技术合作，缩小与发达地区的差距。另一方面，有必要向中西部地区实施倾斜的环境和产业政策，改善中西部地区向东部地区趋同的初始条件。尤其是要加强产业集聚的外部环境建设，根据经济发展所处的不同阶段，充分利用马歇尔外部性和雅各布斯外部性对节能减排的“自净”作用，实现经济社会环境的可持续发展。

第 6 章

国际技术溢出对中国制造业效率的影响

对于广大发展中国家而言，引进、模仿和吸收国际先进技术是各国实施对外开放，加快产业发展和工业化进程的重要渠道。获取国际间技术扩散可以有不同的路径，比如 FDI 投资、技术转移、国际研发合作等。但对于发展中国家来说，面临市场体制不健全、资金技术瓶颈等约束，难以承担国际直接技术转移或获取跨国公司的高新技术投资。而利用国际贸易，特别是进口贸易来引进、吸收国际先进技术成了发展中国家缩小与发达国家制造业技术差距的重要途径。

6.1 问题的提出

改革开放以来，外商直接投资和国际贸易是拉动我国经济高速增长的两驾马车。特别是进出口贸易快速发展，从 1978 年的 206 亿美元增长到 2011 年的 36 421 亿美元，年均增长 17.5%。以往在对国际贸易贡献度进行评价时，更多关注的是出口贸易或贸易顺差，忽视了进口贸易对我国技术创新能力乃至经济增长的影响。新贸易理论认为，国际贸易是促进技术进步的一个重要因素(Grossman 和 Helpman，1991)。中国作为一个发展中的贸易大国，通过进口贸易产品承载的技术来实现有效的技术赶超是学术关注的问题。但是，由于我国各地区在经济发展水平、研发能力、人力资本等方面存在较大的差异，进口贸易对各地区技术水平和经济增长的影响可能不尽相同，因此探讨进口贸易对我国不同地区技术溢出效应的差异，进而探寻导致该差异的原因，对我国各地区有针对性地利用进口贸易促进当地技术进步和经济发展着重要的理论和现实意义。

6.2 文献综述

根据新贸易理论和内生增长理论，一国通过商品进出口贸易可以间接地对本国的技术进步产生积极的促进作用。Coe 等(1997)总结了对外贸易实现技术溢出的四条渠道：第一，发展中国家可以通过引进、模仿和吸收发达国家的技术实现技术进步；第二，贸易品的进口可以提高发展中国家的生产率；第三，对外贸易刺激适宜本国的技术产生，提高本国企业的生产能力；第四，对外贸易可以间接地优化本国的资源配置。

Coe 与 Helpman(1995)首次对进口贸易溢出效应进行了实证分析，结果表明：来自工业贸易国的机械设备进口量和 R&D 投入与发展中国家的全要素生产率显著正相关，通过进口贸易，发展中国家可以分享发达国家的先进技术。Lichtenberg 与 Potteries (1998)采用不同的方法也证实了国际 R&D 通过贸易产生的技术溢出效应。Jakob(2007)研究表明：OECD 国家全要素生产率(TFP)的增长与进口贸易存在密切的关系，在研究样本期内，OECD 国家 TFP 增长的 93% 得益于进口贸易技术溢出。此外，Del Barrio-Castro等(2002)、Engel Brecht(1997)、Frantzen(2000)、Guellec 与 Van Pottersberghe de la Potteries(2001、2004)、Lumenga-Neso等(2005)的研究也得到了相同的结论。也有一些研究得出了相反的结论。高凌云和王永中(2008)对国际 R&D 通过物化渠道与非物化渠道两种渠道产生的溢出进行了检验。研究表明，进口贸易通过技术溢出虽然提高了全体样本国家的生产率，但对发展中国家个体而言，仍然具有不利影响。

中国作为一个贸易大国，自然可以充分利用进口贸易技术溢出提升我国的技术水平和加速经济增长。但以往研究更多关注的是外商直接投资技术溢出。方希桦等(2004)首先研究了进口贸易与中国全要素生产率的关系，研究表明：通过国际贸易技术溢出，国内研发投入与工业国贸易伙伴研发投入对我国全要生产率的提高具有促进作用，但这种溢出效应具有滞后期。李小平与朱钟棣(2005)同样得出了此结论，但是他们认为进口贸易的外溢对于不同地区而言有不同效应，相对落后的地区，进口贸易的技术促进效应越明显。进一步，李小平与朱钟棣(2006)就国际 R&D 通过进口贸易对中国工业行业的技术效率增长、技术进步增长和全要素生产率增长的影响进行了实证研究，结果表明：进口贸易对于中国工业的技术效率、技术进步和全要素生产率的增长具有促进作用。许和连等(2007)对国外 R&D 的进口贸易技术溢出效应进行了检验,结果表明:国外 R&D 通过进口贸易的溢出促进了中国技术进步,但是存在临界效应。当然,也有研究得出了与上述文献相反的结论,谢建国(2006)从整体与区域两个角度检验了国际贸易技术溢出效应,结果表明:从整体来看,进口贸易对中国的技术溢出效应不显著,而分区域来看,进口贸易溢出效应存在明显的空间差异,其中,进口贸易对西部省区技术效率的提高产生了负面影响。

进口贸易技术溢出的效应程度很大取决于进口国的吸收能力。很多文献从人力资本吸收能力的角度解释进口贸易溢出效果存在差异的原因。Gouranga(2000)认为,进口国的进口贸易量、技术吸纳能力和产业结构等因素共同决定了该国是否能吸收国外先进技术。Crespo 等(2002)的研究表明:人力资本和进口国 R&D 存量是对外贸易技术外溢的关键。Coe 等(2008)研究认为,除了人力资本因素外,国家的法律、制度等因素对进口贸易技术溢出的影响也起着重要的作用。黄先海和石东楠(2005)在一个扩展的 Coe 和 Helpman 模型的基础上研究了人力资本因素对中国全要素生产率的影响,认为人力资本是通过提升技术创新能力间接促进了中国全要素生产率。赖明勇等(2005)比较了外商直接投资和进口贸易的技术溢出效果,表明我国技术吸收能力是影响技术溢出效果的重要因素。符宁(2007)认为,进口国能否真正获得和利用这些技术还需要看其拥有的技术吸收能力。陈永广(2011)认为基于进口贸易的知识溢出技术进步发挥了积极的促进作用,但是由于各省市贸易开放度、人力资本的不同,知识溢出效应存在着较大的地区差异。此外,王永齐(2006)、赵伟与王全立(2006)、谢建国(2009)、韩振国(2011)的研究也得到了与上述研究类似的结论,而张海洋(2005)、李平与张庆昌(2008)则得出了相反的结论。张海洋研究了人力资本对 FDI 技术溢出的影响,结果表明,中国的人力资本并没有显著地提高国内对 FDI 技术的吸收,但是张海洋并没有给出这种结果的解释。

以往研究都从不同侧面证实了进口贸易技术溢出的吸收能力的重要性,为学者们进行相关研究提供了丰富的参考。然而这些研究中大多选择进口国研发投入、人力资本、市场制度等作为吸收能力代理指标,忽视了技术势差这一重要因素。贸易伙伴之间的技术势差会直接影响进口国对外国技术吸收、学习和模仿的能力(Perez,1997)。若技术势差太小,则进口贸易可以带给东道国的技术空间较小,不利于进口贸易的技术外溢。同时,技术势差过大，也意味着当地企业的技术积累能力差，不利于国内企业的模仿、学习和吸收先进技术，因此，我们有必要将技术势差因素纳入到分析框架中。而且，由于受限于统计方法或者数据的桎梏，以往文献大都使用线性模型就进口贸易对全要素生产率或经济增长进行估计。事实上，如果所研究的对象具有非线性特征，线性模型估计将是有偏的（贺胜兵、杨文虎，2008）。进口贸易技术溢出效应的发挥会受多种条件因素的影响制约，是一个极其复杂的动态过程。比如，当地区人力资本贫乏时，进口贸易对生产率增长的影响可能相对有限；而当该地区跨越一定人力资本门槛后，进口贸易溢出效应就更为显著。简言之，进口贸易技术溢出效应会因为诸多因素的影响而表现出非线性的"门槛"特征。考虑到中国各地区的差异性，进口贸易与全要素生产率的增长存在非线性关系是很有可能的。以往通过对"门槛效应"进行估计的方法对内生的进口贸易技术溢出的门槛效应和门槛值进行检验。以门槛回归为代表的非线性计量方法不仅能估计出门槛值，而且能够对门槛值的正确性及内生的"门槛效应"进行显著性检验（Hansen，1999）。鉴于此，本研究将利用我国省际面板数据，分别在单门槛、双门槛及三门槛的假设下构建门槛回归模型，综合考虑了技术势差、吸收能力等因素，实证研究 1992 年以来进口贸易在我国各地区的技术溢出效应及其技术势差的"门槛效应"，并给出相应建议。

6.3 门槛效应模型的设定

构建包含贸易变量的生产函数是实证分析进口贸易技术溢出效应的常用方法，通过测算进口贸易变量对全要素生产率的贡献度确定技术溢出效应的程度。本研究的实证分析也沿用这一基本思路。首先，考虑一个 Cobb-Douglas 生产函数：

$$Y_t = A_t K_t^{\alpha} L_t^{\beta}$$

其中，Y_t、K_t、L_t分别表示第 t 年的总产出、资本和劳动投入；A_t 表示第 t 年的技术水平，即全要素生产率（TFP）；α、β 分别表示资本、劳动力的产出弹性。

对上式两边同时取对数，可得到 TFP 的计算公式：

$$\text{Ln}TFP_t = \text{Ln}Y_t - \alpha \text{Ln}K_t - \beta \text{Ln}L_t$$

通过国际贸易活动，国外的研发附着于进口产品，可间接地对东道国产生技术溢出效应(Coe 和 Helpman,1995)。Lichtenberg 和 Van Pottelsberghe dela Potterie(1998)提出了国际研发的技术溢出模型:

$$TFP_{it}=\theta_1 S_{it}^{d}+\theta_2 S_{it}^{f-LP}+\varepsilon_{it}$$

其中,i 代表地区,t 代表年份,S^{d} 表示国内 R&D 投入,S^{f-LP} 表示国外 R&D 资本,进一步可表示为:

$$S_{it}^{f-LP}=\sum_{j\neq i}\frac{IMP_{t}^{ji}}{Y_{jt}}FRD_{t}^{j}$$

其中,S_{it}^{f-LP} 是进口国家 i 的外国 R&D 资本,是按 Lichtenberg 和Potterie方法计算的贸易伙伴的 R&D 进口份额加权投入;FRD_{t}^{j} 为国家 j 在时期 t 的 R&D 资本存量;IMP_{t}^{ji} 是国家 i 在时期 t 从国家 j 的进口额;Y_{jt} 是时期 t 国家 j 的国内生产总值。

各地区从进口贸易中获得的技术溢出大小可以表示为:

$$S_{it}^{f-LP}=S_{it}^{f-LP} * \frac{IMP_{it}}{\sum_{i}IMP_{it}}$$

其中,IMP_{it} 为 i 地区在时期 t 的进口总额。

以往文献认为影响全要素生产率是多方面的,除了国内外研发资本外,还受东道国人力资本、FDI、市场制度等因素的影响,为此,本研究在上式的基础上得到如下的扩展检验方程式:

$$\mathrm{Ln}TFP_{it}=\theta_1 \mathrm{Ln}S_{it}^{d}+\theta_2 \mathrm{Ln}S_{it}^{f-LP}+\theta_3 \mathrm{Ln}H_{it}+\theta_4 \mathrm{Ln}M_{it}+\theta_5 \mathrm{LnFDI}_{it}+\varepsilon_{it} \quad (1)$$

其中,H 为人力资本水平;FDI 为外商直接投资;M 为市场化水平;ε_{it} 为随机扰动项,我们假设其服从均值为零且方差有限的正态分布。θ_2 度量了通过进口贸易实现国外研发投入对东道国全要素生产率的溢出影响,该系数为正表示进口贸易对本地区全要素生产率具有促进作用,为负则表示对本地区全要素生产率有阻碍影响。

模型(1)不考虑技术溢出存在"门槛效应"。以往文献在考察技术溢出的"门槛效应"时,常用两种方法:一是分组检验(Girma, Greenaway 和 Wakelin,2001;Chen,2003)。先验地选择割点将样本分为若干组。但是该方法对样本进行分组难以提供客观的标准,同时也无法对回归结果的差异性进行显著性检验。另一方法是交叉项模型(Kinoshi-ta, 2001,Griffith, Redding 和 Simpson,2002)。建立包含交叉项的线性模型,考察变量之间的相互作用。虽然该方法能估计出具体门槛值,但难以确定合适的交叉项形式或找到吸收能力替代指标,同样也无法对"门槛效应"进行显著性验证。

为此，本研究采用 Hansen 提出的非动态面板门槛回归模型检验进口贸易溢出的门槛效应。它的优点在于一方面能估计出门槛值，同时也能对内生的“门槛效应”进行显著性检验。其思想是将某门槛值作为一个未知变量纳入回归模型中，构建技术溢出的分段函数，并对该“门槛效应”及相应门槛值进行实证估计和检验。

技术势差作为东道国的吸收能力之一，对于进口贸易的技术溢出产生重要的影响。技术势差对进口贸易溢出的影响存在门槛效应：当技术势差太小，进口贸易给东道国带来的技术空间较小，不利于技术外溢；当技术势差过大，也意味着当地企业的技术能力过低，限制了本土企业的模仿、学习和吸收国外先进技术。为此，本研究建立了基于技术势差的进口贸易溢出的“双门槛效应”模型，如下：

$$\begin{aligned}\mathrm{Ln}TFP_{it}=&\theta_1\mathrm{Ln}S_{it}^{d}+\theta_2\mathrm{Ln}S_{it}^{f-LP}+\eta_1\mathrm{Ln}S_{it}^{f-LP}\,I(Gap_{kt}\leqslant\lambda_1)+\\&\eta_2\mathrm{Ln}S_{it}^{f-LP}\,I(\lambda_1<Gap_{kt}\leqslant\lambda_2)+\eta_3\mathrm{Ln}S_{it}^{f-LP}\,I(Gap_{kt}>\lambda_2)+\\&\theta_3\mathrm{Ln}H_{it}+\theta_4\mathrm{Ln}M_{it}+\theta_5\mathrm{Ln}FDI_{it}+D\_yr+D\_rg+\varepsilon_{it}\end{aligned}\quad(2)$$

其中，技术差距 Gap 为门槛变量；λ_1，λ_2 为待估算的门槛值；$I(g)$ 为指标函数；虚拟变量 D_year 和 D_region 分别反映时间和地区的差异。

进行门槛效应检验需要解决两方面的问题：一是估计门槛值及其系数；二是对门槛效应进行显著性检验。具体检验方法参见 Bai 和 Hansen 提出的方法。

6.4 数据来源与变量选择

6.4.1 数据来源

20 世纪 90 年代以前，我国贸易开放度较低，考虑到贸易制度因素可能会对回归产生影响，本研究的样本期确定为 1992—2010 年。另外，重庆市于 1996 年从四川单列出去，考虑到统计口径的一致性，重庆数据合并到四川省，西藏统计数据不全，暂不考虑。各变量数据如下：

(1) 产出(Y)。用中国各省份 1992—2010 年以 2000 年不变价格度量的实际 GDP 值表示。劳动力投入 L。本研究直接采用各省区年末平均就业人数(万人)。

(2) 资本存量(K)。在计算资本存量时，大都采用 Gold-Smith 提出的永续盘存法。目前只有固定资产投资的官方数据。考虑到 GDP 价格指数与固定资产投资价格指数相关性很高，笔者以2000年不变价计算的GDP价格指数对固定资产投资进行平减。对于初始年份的资本存量，本研究采用贺菊煌(1992)的研究方法，确定基准年1978年的资本存量，然后用各省份的GDP作为权重，得到各省份1978年固定资本存量。根据公式$K(t)=K(t-1)(1-\delta)+I(t)$，推算1992—2010年各省区的固定资产存量。上式中，δ为折旧率，取5%。

(3) 人力资本(H)。目前有两种方法测算人力资本存量：① 在假设市场报酬真正反映边际产出的前提下，先按照受教育的程度，将劳动力进行分类，边际产出由劳动者的平均收入计算得出。该方法难以适用于我国，一是很难满足劳动者收入反映其边际产出的假设，二是我国各省份不同教育水平的劳动者的收入不可获得。② 用教育获得作为人力资本存量的代理指标(Barro和Lee,2001)。考虑到数据的可获得性，本研究采用第二种方法来表征人力资本变量，即每万人中在校大学生人数。

(4) 国内外研发资本存量S_{it}^{d}、S_{it}^{f-lp}。目前对于国内R&D活动的代理变量选取上通常有两种方法。一是用R&D投入额反映，如Keller等(1998)；二是用R&D投入强度反映，如Mans-field等(1981)、Guellec和Van Pottelsberghe de la Potterie (2004)。该种方法能剔除国家经济规模的影响。考虑到R&D投入指标的便捷性，本研究采用R&D投入额衡量研发活动。考虑到可比较性和数据的连续性，用各国按购买力平价核算的GDP与各国R&D投入占GDP的比重的乘积反映国内外研发资本的投入，并利用价格平减指数转化为用2000年购买力平价衡量的各国R&D投入额。其中，各国R&D投入数据来自中国科技统计网站，按购买力平价核算的各国GDP数据和价格平减指数来自国际货币基金组织数据库。

考虑到各国研发资本存量的可比性，本研究运用Griliches(1992)提出的方法来测算各国的研发资本存量，同时为了提高测算精度，本研究追溯到1987年的研发资本存量：

$$S_{1987}^{j}=R_{1987}^{j}/(\theta+\delta)$$

其中，S_{1987}^{j}为1987年中国或G7(美国、日本、德国、英国、法国、加拿大、意大利)各国的研发资本存量；R_{1987}^{j}为1987年j国的科技经费内部支出额；θ为1987—2010年年均科技经费内部支出增长率；δ为研发资本的折旧率，通常设为5%。

其余年份的研发资本存量可以采用永续盘存法来估算：

$$S_t^j=(1-\delta)S_{t-1}^j+R_t^j$$

其中，S_{t-1}^j为 j 国 $t-1$ 期研发资本存量。

各省市的研发资本存量以 2000 年可比价格计算的 GDP 比重为权重来测算。由于 G7 国家的 R&D 支出占 OECD 国家乃至全球 R&D 支出的比重很大，而且，我国从 G7 国家的进口占总进口的比重较高（方希桦等，2004），因此，本研究主要选取G7国家为样本国。我国通过进口贸易获得的外国研发资本存量可按公式 $S_{it}^{f-LP}=\sum_{j\neq i}\frac{IMP_t^{ji}}{Y_{jt}}FRD_t^j$进行计算，该式中的 FRD_t^j即为 G7 各国研发资本存量，各省市的国外研发资本存量 S_{kt}^{f-lp}以各地区按 2000 年可比价格计算的进口比重为权重来测算。

(5) 外商直接投资(FDI)。为了避免内生性问题，FDI 取当年外商直接投资与 GDP 的比值。

(6) 市场化指标(M)。用 1－国有化指标反映市场化指标。国有化指标等于国有化企业职工人数与总职工人数的比值。

以上数据源于《新中国 50 年统计资料汇编》，1992—2010 年的数据源于《中国统计年鉴》各期。

6.4.2 全要素生产率与技术势差计算

6.4.2.1 全要素生产率测定

传统的测算 TFP 的方法是索洛剩余法，但该方法需要满足严格的假设条件（中性的技术改变、生产函数形式已知等），所以 TFP 测量将是有偏的(coeli 等，1998)。因此，本研究采用基于 DEA 的 Malmquist 指数法生产率模型，估算中国各省份的全要素生产率增长。Malmquist 生产率指数具备如下优点：第一，不需要相关要素价格信息，这对实证研究特别重要，因为，通常情况下，要素价格等信息难以获取。第二，适用于多个国家或地区跨时期的样本检验。

从 t 时期到 $t+1$ 时期，Malmquist 指数可以表示为：

$$M_0(x_{t+1},y_{t+1},x_t,y_t)=\left[\frac{d_0^t(x_{t+1},y_{t+1})}{d_0^t(x_t,y_t)}\times\frac{d_0^{t+1}(x_{t+1},y_{t+1})}{d_0^{t+1}(x_t,y_t)}\right]^{\frac{1}{2}}\qquad(3)$$

式(3)中，(x_{t+1},y_{t+1})和(x_t,y_t)分别表示$(t+1)$时期和 t 时期的投入和产出向量；d_0^t 和 d_0^{t+1}分别表示以 t 时期技术 T^t 为参照，时期 t 和时期$(t+1)$的距离函数。

以 t 时期技术 T^t 为参照，Malmquist 指数可以表示为：

$$M_0^t(x_{t+1}, y_{t+1}, x_t, y_t) = \frac{d_0^t(x_{t+1}, y_{t+1})}{d_0^t(x_t, y_t)} \tag{4}$$

类似地，以 $t+1$ 时期技术 T^{t+1} 为参照，Malmquist 指数可以表示为：

$$M_0^{t+1}(x_{t+1}, y_{t+1}, x_t, y_t) = \frac{d_0^{t+1}(x_{t+1}, y_{t+1})}{d_0^{t+1}(x_t, y_t)} \tag{5}$$

该指数大于 1 时，表明从 t 时期到 $t+1$ 时期全要素生产率是增长的。Malmquist 指数可以进一步分解为不变规模报酬假定下技术效率变化指数(EC)和技术进步指数(TP)。技术效率与技术进步是两个不同的概念。技术效率是指经济体向技术前沿的逼近，经济体越接近技术前沿，说明效率越高。技术进步指经济体技术前沿的外移，技术前沿是在现有技术水平下，所能够实现的最大可能产出。其分解过程如下：

$$\begin{aligned} M_0(y_{t+1}, x_{t+1}, y_t, x_t) &= \frac{d_0^{t+1}(x_{t+1}, y_{t+1})}{d_0^t(x_t, y_t)} \times \\ &\left[\frac{d_0^t(x_{t+1}, y_{t+1})}{d_0^{t+1}(x_{t+1}, y_{t+1})} \times \frac{d_0^t(x_t, y_t)}{d_0^{t+1}(x_t, y_t)}\right]^{\frac{1}{2}} \\ &= EC \times TP \end{aligned} \tag{6}$$

6.4.2.2 技术势差的测算

Engelbrecht 和 Kang 认为，假定在生产函数中资本、人力资本和 TFP 的比例保持不变，可以用第 i 个国家的人均 GDP 作为该国家技术水平的代理指标。另外，假定技术边界是当时所有地区中人均 GDP 的最大值。所以，技术势差的公式为：$GAP = \frac{\max y_j(t) - y_i(t)}{y_i(t)}$，其中，$\max y_i(t)$ 和 $y_i(t)$ 是最发达地区(本研究取上海直辖市)和当地 i 的人均 GDP。

6.5 实证结果与讨论

6.5.1 中国全要素生产率及其分解

采用 Onfront 2.0 软件，运用我国 29 个省市的面板数据测算了各省区的全要素生产率、技术进步与技术效率指数。从表 6-1 可以看出，1992 年到 2010 年期间，我国全要素生产率增长率呈现出先下降后上升的趋势，但总体上平均为－0.2%，这一结果与郭庆旺与贾俊雪(2005)的观点一致。不同学者对我国全要素生产率下降给出了不同的解释，但是一致的看法是：改革开放以来，我国经济的快速发展得益于要素的持续投入、资本深化以及低廉的劳动力,由此导致投资边际报酬递减,技术能力难以充分发挥,从而降低了全要素生产率。

表 6-1 Malmquist 生产率指数及其分解

年份	EC	TC	TFP	年份	EC	TC	TFP
1992	1.003	0.993	0.996	2001	0.998	0.998	0.996
1993	1.005	0.991	0.996	2002	0.999	0.996	0.995
1994	1.01	0.99	1.000	2003	0.999	0.998	0.997
1995	1.006	1.001	1.007	2004	0.993	1.008	1.002
1996	1.001	0.999	1.000	2005	0.999	1.005	1.004
1997	0.999	0.996	0.996	2006	0.999	1.013	1.012
1998	0.999	0.993	0.993	2007	1.001	1.008	1.010
1999	0.998	0.994	0.992	2008	1.000	1.015	1.015
2000	0.998	0.998	0.996	2009	1.001	1.016	1.018
2010	1.003	1.013	1.016	平均值	1.001	0.998	0.998

同时,本研究也给出了我国东、中、西三大地区全要素生产率指数及其分解。由表 6-2 可以看出,和全国平均趋势一样,东、中、西部地区全要素生产率和技术进步指数也呈现下降的趋势,但技术效率则有所提升。王志刚等(2006)也认为,从 20 世纪 90 年代以后中国省区全要素生产率下降趋势明显。总体上看,我国东、中、西部地区技术效率不高,说明我国需要加快转变经济增长方式,努力提高资源利用率。从生产率及分解指标来看,中部地区内部各省区在生产率增长、技术效率增长和技术进步增长率方面的差异最大,表明中部省市间经济发展模式存在较大差异。

表 6-2 我国东、中、西部平均 Malmquist 生产率指数及其分解

地区	MI	EC	TC	MI 标准差	EC 标准差	TC 标准差
东部地区	0.998 6	1.000 3	0.998 2	0.038 5	0.034 7	0.022 1
中部地区	0.999 1	1.002 0	0.997 3	0.338 9	0.333 1	0.338 7
西部地区	0.997 2	1.000 1	0.997 1	0.039 4	0.038 3	0.016 4
全国平均	0.998 1	1.001 0	0.998 0	0.041 5	0.038 5	0.020 1

6.5.2 进口贸易技术外溢效应分析结果

根据前面介绍的模型估计及检验方法,本研究利用 Stata 10.0 统计软件稳健的估计方法进行实证分析。对于门槛模型,首先应先确定门槛的个数。我们分别按照不存在门槛值(原假设)或存在一个门槛值(备选假设),只存在一个门槛值(原假设)或存在两个门槛值(备选假设)和只存在两个门槛值（原假设）或存在三个门槛值（备选假设）三种条件下进行检验，采用Hansen（1996，1999）建议使用的bootstrap方法估计出P值，检验结果如表6-3所示。由表6-3的检验结果看，本研究所设定的门槛模型存在双门槛值，单一门槛模型检验的P值（0.002 3）和双门槛模型检验的P值（0.030 6）分别在1%和5%的显著水平上通过检验，而三门槛模型检验没有通过显著性检验，故本研究用双门槛模型检验。

表6-3 门槛模型检验

模型	F值	P值	临界值		
			1%	5%	10%
单一门槛模型	8.153 1***	0.002 3	7.773 4	3.845 3	2.436 1
双门槛模型	4.783 4**	0.030 6	7.058 2	3.582 4	2.651 7
三门槛模型	2.802 3	0.114 5	5.857 3	3.645 4	2.933 8

注：(1) P值和临界值均为采用bootstrap法（自举法）反复抽样500次得到的结果；

(2) *、**、***分别表示在10%、5%、1%水平下的统计显著，下文表同。

门槛效应检验过后，再利用上述提到的三步法确定两个门槛值（λ_1，λ_2）。三步法各自得到的结果如表6-4所示。双门槛将我国29个省份分成三个区域，技术发达区域（GAP≤1.110）、中等技术区域（1.110＜GAP≤2.068）和技术落后区域（GAP＞2.068）。

表6-4 双门槛值的获取

	单门槛模型			多门槛模型		
		GAPa	SSE		GAPa	SSE
第一步	λ^*	1.036	5.814	–	–	–
第二步	–	–	–	λ_2	2.068	5.510
第三步	–	–	–	λ_1	1.110	5.494

在完成对样本地区技术势差分组之后，接下来本研究考察不同技术势差对进口贸易技术溢出的影响程度。考虑到内生性问题，本研究采用2SLS回归方法，选择时间和区域变量作为进口贸易的工具变量，结果见表6-5。

从双门槛模型的参数估计来看，人力资本、国内研发、FDI水平、市场化水平等四个控制变量对我国全要素生产率产生正面的促进作用。从全国整体来看，人力资本每增长1个百分点，可带动我国全要素生产率提高约 0.105 9 个百分点。这一结果与赖明勇等(2005)的观点一致。表明作为知识产品的主要载体,人力资本极大地提高了国内的劳动生产率。但需要注意的是,虽然人力资本对我国各地区都会产生积极的影响,但是这种积极效应对不同技术势差的地区是不同的,对于技术发达地区和技术落后地区而言,人力资本的积极作用更明显,前者是因为人力资本的循环累积效应,而后者是因为处于人力资本边际效用的递增阶段(李燕,2011)。

检验结果表明,国内研发资本存量和通过进口贸易渠道溢出的国外 R&D 资本存量对我国全要素生产率的增长都有积极的拉动作用,这与 Coe 和 Help-man(1995)以及 Lichtenberg 和 Potterie(1996)等的观点一致。国内研发资本存量每增长 1 个百分点,我国全要素生产率提高约 0.158 2 个百分点。国外 R&D 资本存量每增长 1 个百分点,我国全要素生产率提高约 0.045 0 个百分点。国外研发的系数小于国内研发的系数,说明我国全要素生产率对于国外研发溢出的弹性小于国内研发的弹性。即当前全要素生产率的提升主要还是靠本国的研发活动。

分地区来看,技术发达地区的国内 R&D 弹性是全国平均的 2 倍,远远高于其他地区。同时考虑到人力资本常作为反映地区吸收的指标(Yao S, Wei K.,2007)。我们可以比较 LnS^d 与 LnH 的系数,在技术发达地区,国内研发系数高于人力资本系数,表明该地区自主创新比吸收能力的作用更显著,而在技术落后地区,吸收能力作用更为明显。这也说明了改革开放以来我国实施的"引进消化吸收再创新"战略在不同地区表征出不同的特征。沿海等技术发达地区,通过国际贸易、引进 FDI 等形式引进国外先进技术,加以消化吸收,最终提高本地创新能力。目前西部落后地区主要依靠技术引进实现技术"蛙跳式"发展。

实证结果表明我国不同地区中 FDI 的技术外溢效应也有差异。对东部沿海等技术发达地区来说,FDI 的流入产生了十分积极的正向技术外溢效应,而在中西部等技术落后地区,FDI 的流入则没有体现出显著的技术外溢效应。由这一结果可以看出,正向的 FDI 的技术外溢效应基本上产生于东部沿海等开放程度较大的地区。也暗示了 FDI 的技术外溢同时也可能存在某种经济上的"门槛效应"。市场化水平不论从全国整体还是分地区检验来看,作用都很明显,这说明市场化改革作为重要的制度因素,对我国技术进步乃至经济增长都有巨大推动的作用。

表 6-5 不同地区进口贸易技术溢出估计值

	全国 Gap	技术发达 Gap≤1.110	技术中等 1.110<Gap≤2.068	技术落后 Gap>2.068
LnS^{f-LP}	0.045 0** (0.011 9)	0.041 0* (0.009 2)	0.048 5*** (0.009 5)	0.046 9*** (0.010 5)
$LnS^{f-LP}\ Gap$	0.002 54 (0.001 1)	0.038 4** (0.012 8)	0.014 8** (0.006 5)	−0.006 3*** (0.003 4)
LnS^{d}	0.158 2*** (0.035 5)	0.322 1*** (0.053 2)	0.127 3 (0.025 3)	0.088 9 (0.023 0)
LnH	0.105 9*** (0.023 3)	0.120 4*** (0.029 4)	0.080 2*** (0.018 2)	0.095 7*** (0.025 4)
$LnFDI$	0.034 6*** (0.009 5)	0.052 4*** (0.014 3)	0.040 8* (0.013 3)	0.027 2 (0.005 6)
LnM	0.098 4*** (0.033 2)	0.102 5*** (0.043 4)	0.092 0*** (0.025 4)	0.086 3*** (0.020 3)
_cons	4.357 5*** (0.369 5)	5.386 5*** (0.414 2)	4.875 4*** (0.325 3)	4.015 3*** (0.354 4)
N	525	159	187	189
$adj\ R^2$	0.539 5	0.655 6	0.566 5	0.488 6

注:(1) *、**、*** 分别表示在 10%、5%和 1%的显著性水平下显著;
(2) 括号中为标准差。

门槛效应检验显示:进口贸易作为技术溢出的重要渠道,技术势差与其技术溢出效应之间是分线性的,即存在显著的“双门槛效应”。当技术势差低于门槛 1.110 时,进口贸易溢出与技术势差呈现正相关,即随着技术势差的增大,进口贸易的溢出作用增强;当技术势差介于门槛 1.110 和门槛 2.068之间时,虽然两者的共同系数为正,但这种正效应趋减;当技术势差一旦跨过门槛 2.068 后,进口贸易的技术溢出效应会随着技术势差的增大而减小。之所以出现这种双门槛效应,究其原因,本研究认为虽然知识外部性使得进口贸易的技术溢出成为可能,但是技术溢出需要满足一定外部条件,一个重要的门槛是地区间的技术势差。如果地区间的技术势差过大,超过了第二门槛,即该地区技术水平过低,即使通过进口贸易供其学习、模仿的机会很多,但是由于缺乏足够的吸收能力进行消化吸收并二次创新,最终导致技术溢出效应不明显。但是如果地区间的技术势差很小,低于第一门槛,即当地技术水平相对较高,意味着通过进口贸易对当地技术转移的空间狭小,即使当地企业有较高的吸收能力,其溢出效应也难以显著。所以,该阶段中随着技术势差的增大,进口贸易技术溢出的效应增强;若一个地区与发达地区存在一定的技术差距，但是技术势差又不是很大时，即跨越了最低门槛，又没超过第二门槛，则该地区有进一步学习的动力，又有足够的吸收能力去消化吸收进口产品的先进技术。但是该阶段进口贸易的边际技术溢出效应不如技术落后时大，可以考虑抛物线在接近顶点的阶段，斜率要小于开始阶段。以上说明我国进口贸易与技术势差之间是非线性关系。

6.6 结论

本研究利用我国省际面板数据，分别在单门槛、双门槛及三门槛的假设下构建门槛回归模型，实证研究 1992 年以来进口贸易在我国各地区的技术溢出效应及其技术势差的"门槛效应"，得出以下结论。

第一，进口贸易的技术效应需要跨越一定的"门槛"。其中，地区间的技术势差是一个重要的门槛变量，当技术势差处在不同水平时，进口贸易的技术溢出效应呈现出较大的不同。第二，在技术水平较高的沿海地区，由于技术势差较小使得进口贸易的溢出效果并不十分明显，但相对的自主创新的弹性很高，这说明我国改革开放以来实行的"引进消化吸收再创新"的战略在这些地区已经取得了阶段性成果，以二次开发为核心的创新能力将成为我国沿海地区经济发展的核心动力。第三，在中等技术水平地区，由于技术势差的增强，这些地区正处在由模仿向创新转变的关键时期，如何促进这些地区的科技进步转型是各地政府需要考虑的重要课题；而在技术势差较大的落后地区，国家也应给予一定的政策倾斜，鼓励这些地区加强人力资本积累，增强吸收能力，最终实现技术发展水平的飞跃。

另外，值得注意的是进口贸易技术溢出效应很有可能还存在其他因素的"门槛效应"，综合考虑这些影响因素的进口贸易技术溢出"门槛效应"研究将是我们进一步研究的方向。

第7章

中国制造业效率的时空协同分析

前文我们从静态的角度应用不同的方法测度了中国制造业的效率,并实证考察了影响制造业生产率增长的几个主要因素。接下来,我们重点关注中国制造业效率与其他经济要素的协同分析,包括动态考察影响我国制造业生产率的因素与生产率之间互动关系,制造业效率与制造业规模的空间分布特征以及制造业内部传统制造业和高新技术产业之间的协同分析。

7.1 制造业效率与影响因素的动态分析

7.1.1 基于多变量VAR方法的理论模型

7.1.1.1 多变量的协整检验

如果一组非稳定的$I(1)$时间变量序列的线性组合是稳定的时间序列,则可称它们存在协整关系,并称这一线性组合的表达式为同积等式,而这种协整关系通常认为等价于变量之间的长期均衡关系。在对变量进行因果关系检验之前一般先进行协整关系检验,以确定变量间协整关系数目并以之为前提,"通过ECM(误差纠正模型)相关系数矩阵的假设检验来获取变量间的因果关系"。下面简单地对协整关系检验的相关理论原理作一个说明。对两个变量的协整检验而言,方法较为简单,只需将两个$I(1)$进行简单的回归,然后对它们的残差项进行单位根检验。如果残差项为一稳定过程则可证明两个变量之间存在协整关系,如果残差项为一个非稳定过程,那么它们没有协整关系。

在多个变量的VAR系统中许多相关的变量交织在一起,形成多个协整关系系统,而且常常难以从中分离出一个明确的协整关系。对它们的协整关系检验必须采用不同的方法,如极大似然法。

7.1.1.2 VAR模型的参数估计

VAR将每一个系统内的内生变量表示成所有内生变量滞后值的函数形式，从而回避了具体的建模问题，应用样本可以确定一个多变量VAR系统的参数从而得到变量间的相互关系。一个VAR模型的数学形式为：

$$y_t = A_1 y_{t-1} + \cdots A_p y_{t-p} + Bx_t + \varepsilon_t$$

其中，y_t 为 K 阶内生变量向量；x_t 为一外生变量向量；$A_1, \cdots, A_p$ 和 B 是要估计的系数矩阵；ε_t 为一随机变量向量，它的同期值可能存在相关性，但它不与其滞后值和其他内外生变量相关。由于只有内生变量的滞后值出现在等式的右边，等式可以通过OLS法加以估计。

在此基础上，我们还可以进一步就变量之间的因果关系进行格兰杰因果关系检验。以往研究说明当变量存在单位根时，传统的格兰杰因果检验的分布可能由于不利参数影响而不标准，Sims和Watson(1990)的验证则证明，对于包涵单位根的过程VAR系统，只存在一个协整关系的条件下，其因果检验的分布是标准的，因此，本研究主要选择在Toda与Philip(1993)研究基础上对影响我国制造业生产率的因素与生产率之间互动因果关系进行检验。

7.1.2 数据选取和变量设计

我们以制造业的全要素生产率(TPF)作为生产率的代表，其他因素指标分别是研发投入(LnRD)、资本积累(LnK)、人力资本(LnH)、FDI比重、出口比重(EX)、市场化水平(国有比重的倒数)(MAR)。

按照协整的定义，如果TFP分别与其他影响因素之间存在协整关系，那么必须是同阶单整的。因此，协整分析的第一步，就是检验每个变量单整的阶数。如果变量都是平稳的时间序列，即它们都是零阶单整的，那么就没有必要做进一步的检验。因为平稳时间序列满足古典线性回归模型的要求，可以直接用最小二乘法估计参数。如果两个变量不是同阶单整的，则二者具有各自的长期波动规律，那么它们之间就不存在一个长期稳定的比例关系，也即不存在协整关系。在分析是否具有协整关系之前，先进行时间序列的单位根检验。这里运用EVIEWS软件采用ADF方法。其检验的形式为：$\Delta Y_t = \alpha + \beta_t + \gamma Y_{t-1} + \sum \delta \Delta Y_{t-1} + U_t$。原假设 $H_0: \gamma = 0$，备择假设 $H_1: \gamma < 0$。原假设成立意味着该时间序列有单位根，序列为非平稳的时间序列。模型检验结果如表7-1所示。

表 7-1　变量指标的单位根检验

变量	ADF 检验值	检验类型(c,t,k)	1%临界值	5%临界值	10%临界值	结论
Ln*RD*	−3.279 5	(c,t,1)	−4.441 5	−3.633	−3.253	非平稳
Ln*K*	−3.580 9	(c,t,1)	−4.441 5	−3.633	−3.253	非平稳
Ln*H*	−3.037 6	(c,t,1)	−4.441 5	−3.633	−3.253	非平稳
FDI	−2.575 6	(c,t,1)	−4.441 5	−3.633	−3.253	非平稳
EX	−2.870 9	(c,t,1)	−4.441 5	−3.633	−3.253	非平稳
MAR	−2.960 9	(c,t,1)	−4.441 5	−3.633	−3.253	非平稳
ΔLn*RD*	−2.879 6	(c,0,1)	−3.785 6	−3.011	−2.645	平稳
ΔLn*K*	−2.837 6	(c,0,1)	−3.785 6	−3.011	−2.645	平稳
ΔLn*H*	−2.958 7	(c,0,1)	−3.785 6	−3.011	−2.645	平稳
ΔFDI	−2.982 1	(c,0,1)	−3.785 6	−3.011	−2.645	平稳
ΔEX	−2.790 9	(c,0,1)	−3.785 6	−3.011	−2.645	平稳
ΔMAR	−2.987 6	(c,0,1)	−3.785 6	−3.011	−2.645	平稳

注:(1) 检验类型中的 c 和 t 表示带有常数项和趋势项,k 表示所采用的滞后阶数;
(2) 表中的临界值是由 Mackinnon 给出的数据计算出来的。

从表 7-1 可以看出,在给定显著水平为 1%和 5%时,原序列都为非平稳序列,一阶差分之后,所有差分序列的 t 统计量值均小于显著性水平为 5%的临界值,表明至少可以在 95%的置信水平下拒绝原假设,所有变量经过一阶差分平稳,都是一阶单整序列。

7.1.3　协整性分析

虽然各序列都是一阶单整 $I(1)$的,但可能存在某种平稳的线性组合。对多变量时间序列进行协整检验,首先运用 VAR 模型选择最优的滞后阶数,通常先选择最大滞后阶数为 3,从三阶依次降至一阶选择 VAR 模型的最优滞后阶数。本研究运用 Johansen(1995)多变量系统极大似然估计方法进行协整约束后得到 VAR 模型,因此协整检验模型的 VAR 模型滞后阶数确定为 3。通过模型选择的联合检验,确定常数项约束在协整空间内且协整方程有截距项和时间趋势项的模型为最合适的协整检验模型。结果如表 7-2 所示。

表 7-2　协整方程的 Johansen(检验)

特征根	迹检验统计量	5%显著水平值	1%显著水平值	假设的协整数
0.945 4	52.678 7	31.55	39.65	无**
0.368 4	9.697 67	13.54	22.87	至多 1 个
0.0745	2.498 87	4.73	6.64	至多 2 个

从中可以看出，在1%显著水平上，变量之间有一个协整关系，估计出的协整关系式为：

$$TFP=0.32+0.35LnRD+0.26LnK+0.04LnH+0.53FDI+0.07EX+0.13MAR \quad (1)$$

对ECM_t进行单位根检验的结果表明，在1%显著性水平，ECM_t满足平稳性假定。因此，式(1)可以反映各个时间序列之间存在某种长期均衡关系，长期而言，它们的线性组合有向均衡收敛的趋势。

7.1.4 格兰杰因果检验

7.1.4.1 实证方法介绍

对于变量间的因果关系研究，一般都采用格兰杰因果关系(Granger，1969)检验。它主要用于考察两变量之间在时间上的先导-滞后关系，以时间序列x_t，y_t为例，如果利用过去的X和Y的值一起对Y进行预测比只用Y的过去值来进行预测所产生的预测误差更小的话，则认为X对Y具有格兰杰因果关系，反之，则认为Y对X具有格兰杰因果关系。由此可得：

$$X\rightarrow Y\Leftrightarrow\sigma^2\left(\frac{y_t}{y_{t-h}},h>0\right)>\sigma^2\left(\frac{y_t}{y_{t-h},x_{t-h}},h>0\right)。$$

对于两变量格兰杰因果关系的检验，Granger采用如下检验模型：

$$y_t=a_{10}+\sum_{i=1}^{m}a_{1i}y_{t-i}+e_{1t} \quad (2)$$

$$y_t=a_{20}+\sum_{i=1}^{m}a_{2i}y_{t-i}+\sum_{j=1}^{n}b_{2j}x_{t-j}+e_{2t} \quad (3)$$

检验从x_t到y_t单向格兰杰因果关系，即是检验b_{2j}的零假设$H_0:b_{2j}=0\ (j=1,2,\cdots,n)$，检验统计量：

$$F=\frac{\dfrac{(ESS_1-ESS_2)}{n}}{\dfrac{ESS_1}{T-(m+n+1)}}\sim F_{[m,T-(m+n+1)]} \quad (4)$$

其中，ESS_1和ESS_2分别为式(2)和式(3)通过最小二乘法回归得到的残差平方和；T为时间序列Y的观测值总数。

以α为置信度，若$F>F_\alpha$，则拒绝H_0，即X以$1-\alpha$的概率对Y具有格兰杰因果关系，否则接受原假设，X对Y不具有格兰杰因果关系。

7.1.4.2 实证结果

TFP与其他变量之间格兰杰因果关系检验结果如表7-3所示。

表 7-3　格兰杰因果关系检验结果

样本:1996—2011		
滞后期:1 年		
零假设:	F 统计值	P 值
LnRD 不是 TFP 的格兰杰原因	0.754 5	0.011 2
TFP 不是 LnRD 的格兰杰原因	5.276 7	0.856 5
LnK 不是 TFP 的格兰杰原因	2.776 6	0.000 1
TFP 不是 LnK 的格兰杰原因	0.987 7	0.564 3
LnH 不是 TFP 的格兰杰原因	0.932 4	0.017 6
TFP 不是 LnH 的格兰杰原因	3.460 9	0.509 0
FDI 不是 TFP 的格兰杰原因	1.446 4	0.000 1
TFP 不是 FDI 的格兰杰原因	3.309 8	0.643 4
EX 不是 TFP 的格兰杰原因	0.979 8	0.423 4
TFP 不是 EX 的格兰杰原因	2.765 6	0.590 9
MAR 不是 TFP 的格兰杰原因	2.176 0	0.036 5
TFP 不是 MAR 的格兰杰原因	2.476 5	0.334 3

检验结果表明,当滞后期为 1 年的时候,研发投入增长在 98.8%的可信度下是制造业全要素生产率增长的格兰杰原因,而制造业全要素生产率增长不是研发投入增长的格兰杰原因。同样,资本积累、人力资本、FDI 以及市场化提高是制造业全要素生产率增长的格兰杰原因,而制造业全要素生产率增长不是资本积累增长、人力资本、FDI 以及市场化的格兰杰原因。但出口不是制造业全要素生产率增长的格兰杰原因。

7.1.5　动态脉冲响应分析

对于一阶差分平稳向量,我们可以在向量自回归(VAR)的基础上研究它的动态性质,利用 VAR 中的脉冲响应函数来分析系统中各个变量之间的影响程度。向量自回归实际上是一个方程系统,在这个系统中每一个内生变量都是自己过去值和系统中其他内生变量过去值的函数。脉冲响应函数是用来跟踪误差项振动时系统中内生变量的响应。考察一个简单的双变量一阶向量自回归模型 VAR(1):

$$y_t = \alpha_{11} y_{t-1} + \alpha_{12} x_{t-1} + \zeta_{1t}$$

$$x_t = \alpha_{21} y_{t-1} + \alpha_{22} x_{t-1} + \zeta_{2t}$$

y 和 x 是 VAR(1)中内生变量,ζ 指扰动项,ζ_{1t} 的变化会立即改变 y 的当前值,同时也会影响到 y 和 x 所有的未来值,因为 y 的滞后项在两个方程中都是解释变量。我们所采用的脉冲响应函数和方差分解方法不仅将所考虑的变量纳入一个系统,反映了系统的完全信息,而且能够估计出政策作用效果的时滞区间及作用效果的相对大小。脉冲响应把内生变量的决定因素分离成由特殊变量标识的振动或修正项，然后追踪使修正项发生一个标准扰动时对内生变量现在值和将来值的影响。方差分解则描述了冲击在VAR模型中变量的动态变化中的相对重要。本研究VAR模型为包含TFP、Ln*RD*、Ln*K*、Ln*H*、FDI、EX以及MAR七个变量的自回归模型。利用Eviews3.1进行脉冲响应分析和方差分解如下：

7.1.5.1　脉冲响应分析(图7-1)

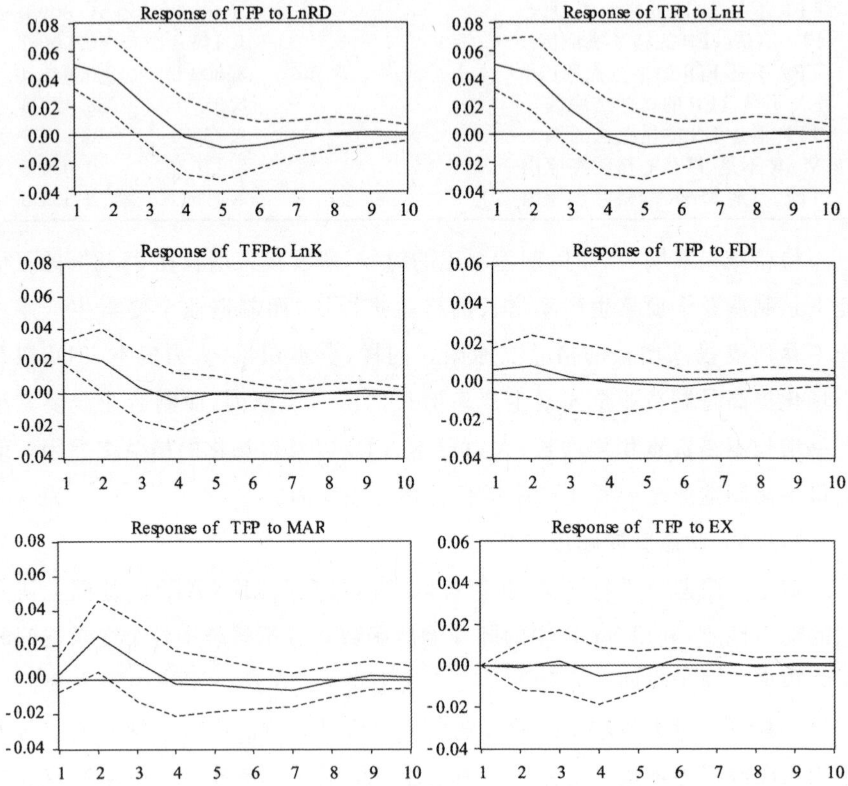

图7-1　脉冲响应分析

首先，我们考察制造业全要素生产率(TFP)对研发投入(Ln*RD*)的信息的一个标准差扰动的响应。第一期TFP对Ln*RD*的变动引致的一个标准差正向冲击在第一年便做出积极响应，带动TFP增长近0.05单位，随后冲击力度逐渐衰减，在$t=4$年溢出效应为零，而在接下去的三年产生了负外部性，但影响力不大，很快就恢复到初始水平。

接下来考察制造业全要素生产率(TFP)对人力资本(Ln*H*)的信息的一

个标准差扰动的响应。TFP 对于 LnH 在 $t=0$ 年的一个标准差冲击同 LnRD 响应轨迹基本一致，在第一年同样做出正面响应，带动了 TFP 增长 0.05 个单位，随后逐渐衰减。

考察制造业全要素生产率（TFP）对资本积累（LnH）的信息的一个标准差扰动的响应。第一期 TFP 对 LnH 的变动引致的一个标准差正向冲击在第一年便做出积极响应，带动 TFP 增长近 0.03 单位，随后冲击力度逐渐衰减，在 $t=3$ 年溢出效应为零。

制造业全要素生产率（TFP）对 FDI 的信息的一个标准差扰动反应不大，在当期带动 TFP 增长近 0.01 个单位，总体上影响比较弱。

考察制造业全要素生产率（TFP）对市场化（MAR）的信息的一个标准差扰动的响应。第一期 TFP 对于 MAR 的正面冲击没有产生影响，但随着时间推移，第二年冲击的力度逐渐加强，并随后趋向稳定。

考察制造业全要素生产率（TFP）对出口（EX）的信息的一个标准差扰动的响应。从图 7-1 可以看出，TFP 对 EX 的正面冲击几乎没有反应。

7.2 制造业效率与规模的空间匹配程度分析

制造业效率与规模在动态运行过程中具有某种程度的耦合效应。在空间层面上，制造业效率的提高和资源的优化会加快制造业产业化进程，进而通过产业结构优化实现规模总量的增长。制造业规模实力的提升进一步使制造业投入能力增强，尤其是技术创新方面的投入增加提升了制造业的运行绩效。制造业效率与规模在空间上始终处于一种互动发展的态势。然而，由于制造业资源的配置机制和经济体制方面的差异，这种互动发展的格局在空间上却呈现出不同的表现形态。为了对制造业效率与规模的匹配程度分析有更充分的理论与实践依据，本研究利用历史数据，对我国制造业效率与规模的空间重合程度及其运行关联进行分析。

7.2.1 制造业效率与规模的耦合度分析

我国制造业效率与制造业规模分布的互动发展格局在空间上却呈现出不同的表现形态。就我国八大区域制造业效率和规模布局的评价结果来看，制造业效率与规模实力在空间上不完全重合，表现在某些地区“效率强规模弱”、“效率弱规模强”的不平衡格局。从图 7-2 我们可以直观看出我国制造业效率与规模实力的不完全重合性。

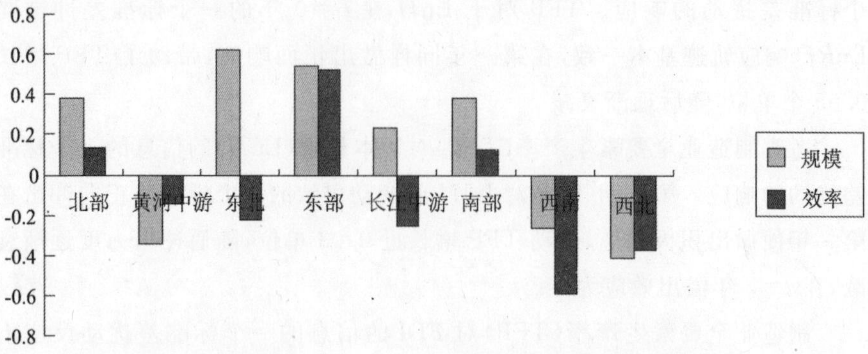

图 7-2 我国八大区域制造业效率与规模实力的匹配程度

利用统计软件 SPSS10 输入八大区域制造业效率与规模实力指标，可得到两变量的皮尔逊相关系数 $r=0.742$，双尾检验概率 P 值 $=0.038<0.05$。故可以判断两变量之间显著相关，但相关度不高（见表 7-4），即我国整体上制造业效率与规模实力不完全重合。

表 7-4 我国八大区域制造业效率与规模实力相关性

效率	规模	
科技力量 PearsonCorrelation	1	.742 *
Sig. (2－tailed)	.	.038
N	8	8
生产力实力 PearsonCorrelation	.757 *	1
Sig. (2－tailed)	.038	.
N	8	8

就具体区域而言，制造业效率和规模布局与全国整体的耦合情况相比，表现出不同的差异性，可借助灰色相关分析方法分析对这种差异性进行定量测度。灰色关联分析的基本思想是根据序列曲线几何形状的相似程度来判断其联系是否紧密，曲线越接近，相应序列之间的关联程度就越大。与其他的数理统计方法相比，灰色关联分析不局限于样本数量，描述的是动态变化的过程，这里我们采用灰色关联分析对我国八大区域的制造业效率与规模实力的关联度进行计算，并对关联性结果进行定性的分析。

7.2.2 制造业效率与规模的灰关联

7.2.2.1 灰色关联分析的计算步骤

(1) 求序列的初向值。

令：$x'_i=\dfrac{x_i}{x_i(1)}=(x'_i(1),x'_i(2),\cdots,x'_i(n))$

其中，$i=1,2,\cdots,m$；x_i 表示制造业效率的第 i 个指标因素；m 表示指标因素的个数；n 表示年份。

(2) 求序列差。

记 $\Delta_i(k)=|x'_0(k)-x'_i(k)|$　　$\Delta_i=(\Delta_i(1),\Delta_i(2),\cdots,\Delta_i(n))$

其中，$i=1,2,\cdots,m$；$k=1,2,\cdots,n$。$\Delta_i(k)$表示第 i 个制造业效率因素在第 k 年里对应的序列差；Δ_i 表示第 i 个制造业效率指标因素的序列差横向量。

(3) 求两极最大差与最小差。

记 $M=\max\limits_i\max\limits_k\Delta_i(k)$，$m=\min\limits_i\min\limits_k\Delta_i(k)$

其中，$i=1,2,\cdots,m$；$k=1,2,\cdots,n$。

(4) 求关联度系数。

$$r_i(k)=\frac{m+\varepsilon M}{\Delta_i(k)+\varepsilon M}$$

其中，$i=1,2,\cdots,m$；$k=1,2,\cdots,n$；$\varepsilon\in(0,1)$。$r_i(k)$表示第 i 个因素在第 k 年里与规模的关联度系数；取 $\varepsilon=0.5$。

(5) 计算关联度。

$$r_i=\frac{1}{n}\sum_{k=1}^{n}r_i(k)$$

其中，$i=1,2,\cdots,m$；$k=1,2,\cdots,n$。r_i 表示第 i 个制造业效率指标因素与规模的关联度。

7.2.2.2　计算结果

根据灰色关联分析的计算步骤，得出八大区域制造业效率与规模指标的灰色关联度，如表 7-5 所示。

表 7-5　我国八大区域制造业效率与规模指标的灰色关联度

地区	南部沿海地区	东部沿海地区	北部沿海地区	东北地区	长江中游地区	黄河中游地区	西南地区	西北地区
关联指标	0.743 5	0.716 5	0.606 5	0.765 4	0.660 9	0.657 6	0.845 4	0.854 3

7.2.2.3　各地区制造业效率与规模布局三种类型分布

第一类为制造业效率与规模布局基本匹配型。如西北、西南（灰色关联分别为 0.854 3 和 0.845 4）属于制造业效率较弱，制造业发展规模相对滞后的地区，尽管制造业效率与规模布局保持了较高的关联性，但是整体制造业在低位运行，陷入“效率低下—创新能力低—经济效益差—投资不足—效率低下”的恶性循环。这些地区需要实施全方位跨越式发展的战略以走出困境，振兴制造业。

第二类为制造业效率相对领先规模发展型。这些地区包括经济发展较快的北部沿海地区和经济发展相对落后的黄河中游地区和长江中游地区。这些地区制造业效率领先于规模发展的态势，说明科技成果转化能力不强，科技资源浪费严重，同时也预示着经济发展的契机。这些地区在发展过程中，应着重解决科技与经济结合的问题，充分发挥科技第一生产力的作用，提高科学技术进步对经济增长的贡献率。

第三类为制造业效率相对滞后规模发展型。这些地区集中在东部及南部沿海地区。这些地区制造业经济（特别是非国有经济）发展速度很快。同时也应该看到这些地区制造业运行效率有待提高，过高的外贸依存度和庞大的加工贸易，容易受到技术贸易壁垒和国际市场波动的冲击，高新技术产业发展还主要是外贸拉动型。这意味着，这些地区如果不解决技术发展问题，其长远经济发展必然受到影响，这些地区在今后的发展中，应充分利用经济增长带来的雄厚财力基础，加大对科技的投入强度，促进创新模式从以模仿创新为主向以自主创新为主转变，提高运行效率。

7.3 传统制造业与高新技术产业的互动分析

7.3.1 菲德外溢模型

菲德模型是菲德（Feder，Gershon）于 1983 年提出的，用于估计出口对经济增长的作用。这就很容易引起我们的思考，能否把高技术产业对经济增长的作用（直接作用和外溢作用），类同于出口对经济增长的作用，我们不妨把国内工业部门划分为高技术产业部门和非高技术产业（传统产业）部门两部门。这两部门的生产方程分别为：

$$H=f(L_h,K_h) \tag{5}$$

$$N=g(L_n,K_n,H) \tag{6}$$

H 和 N 分别代表高技术产业部门和传统产业部门的产品量，L 和 K 分别是劳动力与资本要素，下标代表部门。第（6）个方程假设，高技术产业部门的产量水平 H 影响经济中其他部门（N）的产量。劳动力（L）与资本（K）总量可以表达为：

$$L=L_h+L_n \tag{7}$$

$$K=K_h+K_n \tag{8}$$

全社会工业总产品(Y)就是两部门产品之和。即

$$Y=H+N \tag{9}$$

菲德模型将不同部门劳动和资本边际生产力的相互关系表达为：

$$\frac{f_1}{g_1}=\frac{f_k}{g_k}=1+\delta \tag{10}$$

f_1、f_k、g_1 和 g_k 是劳动力和资本的边际产出；δ 是两个部门间相对边际生产力的差异，理论上可以等于、大于和小于零，正的 δ 意味着高技术产业部门的相对边际生产力高于传统产业部门。

调整上述生产方程，可以推导出如下回归方程：

$$\frac{\mathrm{d}Y}{Y}=\alpha\left(\frac{1}{Y}\right)+\beta\left(\frac{\mathrm{d}L}{L_n}\right)+\gamma\left(\frac{\mathrm{d}H}{H}\right)\left(\frac{H}{Y}\right) \tag{11}$$

上式中，α 是传统产业部门资本的边际产品；β 是传统部门劳动力的弹性系数；γ 实际上代表高技术产业部门对经济增长的全部作用，$\gamma=\delta+g_h$；$\frac{\mathrm{d}Y}{Y}$、$\frac{\mathrm{d}L}{L_n}$和$\frac{\mathrm{d}H}{H}$分别是总产品、传统产业部门劳动力和高技术产品的增长率；$\frac{H}{Y}$是高技术产品占总产品的比例，或者是高技术产业部门在经济中的“规模”；$\frac{I}{Y}$是指国内投资占 GDP 的比例，将国内投资视同于资本存量的增量(d_k)，d_k 在全国的统计资料中并不存在，但它非常近似于国内固定资产投资(I)，因此，常见的做法是以 I 代替 d_k。

回归方程中的参数 γ 代表高技术产业外溢利益与部门间要素生产力差异这两种作用之和。为了分别估计高技术产业部门的外溢利益和相对要素生产力差异(δ)，仍然循着菲德模型的设计，假设对传统部门产品的弹性是不变的。

$$N=g(L_n,K_n,H)=E^{\theta}\psi(L_n,K_n) \tag{12a}$$

上式中 θ 就是外溢作用的参数，可以求出：

$$\frac{N}{H}=\theta\left(\frac{N}{H}\right) \tag{12b}$$

利用(12a)和(12b)，可以表达为：

$$\frac{\mathrm{d}Y}{Y}=\alpha\left(\frac{I}{Y}\right)+\beta\left(\frac{\mathrm{d}L}{L_n}\right)+\left[\frac{\delta}{I}+\delta+\theta\left(\frac{N}{H}\right)\right]\left(\frac{\mathrm{d}H}{H}\right)\left(\frac{H}{N}\right) \tag{13}$$

再次调整，则有

$$\frac{\mathrm{d}Y}{Y}=\alpha\left(\frac{I}{Y}\right)+\beta\left(\frac{\mathrm{d}L}{L_n}\right)+\left[\frac{\delta}{I}+\delta-\theta\right]\left(\frac{\mathrm{d}H}{H}\right)\left(\frac{H}{Y}\right)+\theta\left(\frac{\mathrm{d}H}{H}\right) \tag{14}$$

以上是用来分析高技术产业作用与经济增长的外溢模型，同样，我们可以拓展此模型以分析传统产业对经济增长的外溢作用。模型推导如下：

$$H=f(L_h,K_h,N) \tag{15}$$

式(15)中 N 表示传统产业部门的外部性。

由同上的推导过程可得出增长路径如下：

$$\frac{\mathrm{d}Y}{Y}=\alpha_1\left(\frac{I}{Y}\right)+\beta_1\left(\frac{\mathrm{d}L}{L_n}\right)+\left[\frac{\delta}{I}+\delta-\theta_1\right]\left(\frac{\mathrm{d}H}{H}\right)\left(\frac{N}{Y}\right)+\theta 1\left(\frac{\mathrm{d}N}{N}\right) \tag{16}$$

式中 α_1、β_2 分别指高技术产业部门资本和劳动力的边际生产率；θ_1 表示传统产业对高技术产业的外溢作用；δ 度量了传统产业与高技术产业部门的相对要素边际生产率差异。

从模型可以看出，第一，传统产业的产品不仅依赖本部门的劳动和资本配置，还取决于同一时期高技术产业部门的产品量，因此，这里存在一个假设，高技术产业部门对其他经济部门的外溢作用发生在同一时期。第二，就生产方程而言，假设不同国家或一个国家内不同地区生产方程以及方程中的参数相似，特别是 δ，假设不同国家或一个国家不同地区的相对边际要素生产力差异相同，为此，将本研究的估计值在平均意义上使用更为适当。

7.3.2 实证检验

7.3.2.1 样本选取与数据确定

本研究所使用的全部数据均为公开数据。实证分析中产出 Y 的一般代理变量用工业总产值衡量；劳动人数则用实际工业部门就业人数表示；投资(I)在本研究中是用历年工业部门固定资产投资来代替的，它包括了国有经济、集体经济、个体经济和其他经济历年的固定资产投资之合。高技术产业部门的产出量用工业部门中高技术产业历年的工业生产总值衡量，传统产业则用工业部门历年工业总产值减去高技术产业产值的数量计算。工业总产出增长率均用 1978 年为基期的商品零售价格指数进行折算调整，高技术产业和传统产业部门产出与总产出之比均用名义值。本样本年度确定为 1996—2011 年，各项统计数据分别来自历年的《中国统计年鉴》以及《中国科技统计年鉴》。

7.3.2.2 模型回归结果

我国外溢模型的系数估计及检验统计量如表 7-6 所示。

表 7-6　我国菲德回归模型的检验结果

高技术产业外溢模型	传统产业外溢模型
$\frac{dK}{Y}$ 0.356 5　(4.664 6***)	$\frac{dK}{Y}$ 0.363 2　(3.709 8***)
$\frac{dL}{L_n}$ −0.045　(−0.412 3)	$\frac{dL}{L_n}$ 0.465 5　(2.451 2**)
$d\left(\frac{H}{H}\right)\left(\frac{H}{Y}\right)$ −0.523　(−4.875 1***)	$d\left(\frac{N}{N}\right)\left(\frac{N}{Y}\right)$ 1.987　(−1.706 1*)
$\frac{dH}{H}$ 1.224 3　(6.156 5***)	$\frac{dN}{N}$ 0.163 2　(1.665 7*)
$AR(1)$ 0.978 6　(0.177 6**)	$AR(1)$ 1.157 6　(0.156 2**)
R^2 值　0.856 2	R^2 值　0.778 6
$D-W$ 值　1.95	$D-W$ 值　2.22
$Prob[F$ 统计量$]$　0.001 5	$Prob[F$ 统计量$]$　0.024 3

注：括号内表示 T 统计值，*、**、*** 分别表示在10%、5%、1%的显著性水平下显著。

从回归结果上看，两模型的实证结果总体上令人满意。回归的 F 统计量比较满意，高技术产业外溢模型的 F 统计量在 1%的水平下显著，传统产业外溢模型的 F 统计量在 5%的水平下显著，这说明回归变量整体显著。回归方程的 R^2 都在 0.7 以上，这说明回归方程的拟合程度比较理想。为了更好地拟合实际，客观地反映事实，表中各回归方程都进行了消除自相关的处理，即引入残差的一阶的自相关系数，D-W 统计值均在 2 附近，可以判定本研究的回归已经消除了自相关。由于本研究使用的回归分析软件是 Eviews，所以给出的结果是经过修正的协方差估计，可以认为已经考虑了异方差的影响。从个别回归变量来看，大多数回归系数在 1%或 5%水平下显著不等于零。

7.3.2.3　回归结果分析

第一，要素投入贡献度分析。两个模型中 $\frac{dK}{Y}$ 解释变量前系数均为正，且统计意义显著，反映了投资对于工业经济增长的促进作用，即投资率每提高 1%，实际工业总产值增长率提高 0.35～0.36 个百分点。$\frac{dL}{L_n}$ 前系数为正，且统计意义显著，说明高技术产业部门发展在一定程度上可以提高我国的就业水平。而反映劳动力增量与传统产业部门所吸纳劳动力之比的$\frac{\mathrm{d}L}{L_n}$变量前系数为负，T统计值不显著，这从一个侧面反映了我国传统产业部门可能存在的劳动力供给过剩问题。Feder(1983)也指出当样本国在考察样本期内存在劳动力供给过剩情况时，这一系数不显著，同时这与国内学者的研究结论是一致的(杨全发，1998；金桂生，2002)。

第二，高技术产业部门对经济增长影响的初步分析。高技术产业外溢模型回归结果较好地验证了"高技术产业对经济增长存在促进作用"这一假设。高技术产业对经济增长两方面的作用都比较明显，其一，回归结果中指标$\frac{\mathrm{d}H}{H}$中系数的t统计量在1%水平下显著，说明高技术产业部门对传统产业有强的外溢效应，高科技产业对传统产业的影响，可以通过技术外溢、管理经验传播、技术改造和网络营销等方式来联系。$\theta=1.2243$表示，高技术产业部门对经济增长产生1单位时，其中就会有1.224 3单位的作用外溢到传统产业部门，从而影响传统产业的产出。其二，高技术产业部门比传统产业相对高的边际生产力的作用，如参数δ(通过计算知$\delta=2.2$)所示。$\delta=2.2$表示，在其他条件保持不变时，两部门同时投入1元的资金，高技术产业获得的产出要比传统产业多2.2倍。这也说明了高技术产业有较高的生产率。可以看出，高技术产业部门通过以上两种方式直接和间接地促进了我国工业经济的增长。

第三，传统产业部门对经济增长的影响分析。传统产业外溢模型回归结果表明该模型整体拟合度较好，传统产业部门对高技术产业的外溢作用θ等于0.163 2，表明传统产业部门对经济增长产生1单位时，其中只有0.163 2个单位的作用外溢到高技术产业，参数δ经计算等于-2.13，说明传统产业的边际生产效率远低于高技术产业。但值得注意的是这两个变量的回归t统计量只在10%水平下通过，表明该变量的显著性不是太理想，同时也说明了传统产业的外部性并没有显著发挥出来，传统产业对高技术产业的外部影响没有高技术产业对传统产业部门的影响度大，对我国的经济所起的基础性支撑作用没有体现出来。

第8章

海峡西岸经济区制造业绩效的实证评价

通过海峡西岸经济区制造业绩效评价方案的研究，一方面对前面的工作进行评价和验收，作为海西制造业发展成绩的重要依据；另一方面为后面的工作提供了理论指导，为海峡西岸经济区制造业发展政策制定提供参考。

8.1 研究背景

海峡西岸（简称“海西”）经济区以福建为主体，涵盖台湾海峡西岸，包括浙江南部、广东北部和江西部分地区，与珠江三角洲和长江三角洲两个经济区衔接。海西经济区包括浙江温州、丽水、衢州、金华、台州；江西上饶、鹰潭、抚州、赣州；广东梅州、潮州、汕头、汕尾、揭阳；福建福州、厦门、泉州、漳州、龙岩、莆田、三明、南平、宁德，共计23市。

2004年1月，福建省高层正式提出构建“海峡西岸经济区”战略：南北与中国东南沿海的长三角、珠三角衔接，东西将台湾岛与祖国中西部内陆贯通，以福建为主体，辐射涵盖粤、浙、赣三省相邻部分地区，并最终形成在这一板块内经济一体化、投资贸易自由化、宏观政策统一化、产业高级化、区域城镇化和社会文明化。海峡西岸经济区基于两岸经济一体化的历史基础和现实发展，已不再是一个泛区域经济整合的“构想”，而是业已形成海峡两岸大规模贸易投资往来、垂直与水平混合型产业分工网络，以及大陆台商产业集群与本土化初步发育的区域经济板块实体。

海西战略的适时提出，引起国家部委及周边区域的热烈关注。近年来，海西效应持续发酵，已有近百个国家部委和中央企业，与福建省签署各种形式“支持海西建设”的合作协议或会议纪要。浙南、江西、粤东的相邻城市，积极融入海西，20个中心城市的区域经济联盟正在形成，浙江温州市成立“融入海峡西岸经济区办公室”，至今已有8万多人、500多家企业在闽投资，总投资超过300亿元；广东汕头市在“十一五”规划中提出“加快融入海峡西岸经济区”。福建全省9个市加上周边的广东、浙江、江西三省一些城市的区域经济联盟正在形成。2009年5月4日，国务院原则通过了《关于支持福建省加快建设海峡西岸经济区的若干意见》。成立海峡西岸经济区，是党中央从全面建设小康社会全局着眼，促进区域经济社会协调发展做出的重大战略决策。

8.2 海西制造业绩效评价指标体系设计方法

建立评价指标体系是海西制造业绩效评价的关键环节，指标体系的构建不是评价主体的主观臆断，它必须遵循科学研究的基本规范，按照从具体到抽象，再从抽象到具体的推理逻辑，本研究建立海西制造业绩效评价指标体系筛选的基本流程，并以其为指导展开评价实践。根据上述分析，海西制造业绩效评价指标体系的构建将归纳逻辑和演绎逻辑相结合，基本模型如图8-1所示。

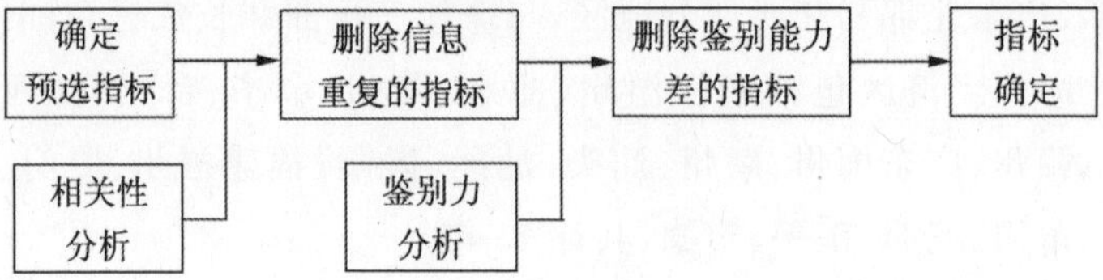

图8-1 海西制造业绩效评价指标体系构建方法

8.2.1 海西制造业绩效评价指标预选

海西制造业绩效评价指标预选主要遵循两条路径，一是遵循演绎的逻辑思路，根据对海西制造业绩效评价内涵的界定和理论框架设计，确定海西制造业绩效构成的基本要素，并且和现行统计数据进行匹配，设计一套指标体系；二是遵循归纳的逻辑思路，通过查阅大量关于政策效果评价和经济发展水平评价的文献，筛选一些和本研究分析框架相吻合的指标，对现有指标体系进行补充。从两条路径出发，考虑数据的可获取性，选择能衡量海西制造业绩效的相关指标作为理论预选指标，建立海西制造业绩效的第一轮评价指标体系 $X^{(1)}$（理论评价指标体系）。

8.2.2 海西制造业绩效评价指标的相关性分析

在理论评价指标体系 $X^{(1)}$ 中，部分评价指标之间可能存在高度相关性，这种高度相关会导致被评价对象信息的过度重复使用，从而降低评价结果的科学性和合理性。相关分析是通过对评价指标之间的相关分析，删除一些隶属度偏低而与其他评价指标高度相关的指标，以消除或降低评价指标重复反应评价信息而带来的对评价结果的影响，从而形成海西制造业绩效第二轮评价指标 $X^{(2)}$。

评价指标相关分析通常包括以下三个基本过程：

(1) 评价指标的标准化处理。由于评价指标的量纲不同，需要对原始数据进行无量纲处理，以减少评价指标的不同计量单位对分析结果的影响。设 X_i 为评价指标的原始数据，S_i 为评价指标的标准差，Z_i 为标准化值，则有：

$$Z_i = \frac{X_i - \overline{X}}{S_i} \tag{1}$$

(2) 计算各个评价指标之间的简单相关系数 R_{ij}，计算公式为：

$$R_{ij} = \frac{\sum_{k=1}^{n}(Z_{ki} - \overline{Z}_i)(Z_{kj} - \overline{Z}_j)}{\sqrt{\sum_{k=1}^{n}(Z_{ki} - \overline{Z}_i)^2(Z_{kj} - \overline{Z}_j)^2}} \tag{2}$$

(3) 根据研究需求，确定一个临界值 $M(0<M<1)$，如果 $R_{ij}>M$，则可以删除其中的一个评价指标（X_i 或 X_j）；如果 $R_{ij}<M$，则可以同时保留两个评价指标。

(4) 海西制造业绩效评价指标的鉴别力分析。评价指标的鉴别力是指评价指标区分评价对象特征差异的能力。海西制造业绩效评价指标的鉴别力则是评价指标区分和鉴别海西制造业绩效强弱的能力。

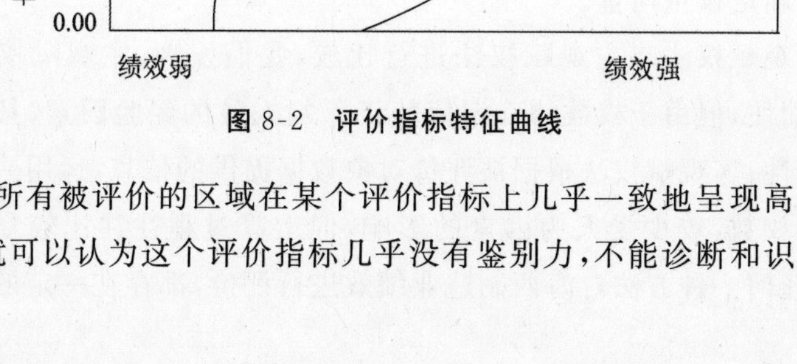

图 8-2　评价指标特征曲线

如果所有被评价的区域在某个评价指标上几乎一致地呈现高(或低)得分，那么就可以认为这个评价指标几乎没有鉴别力，不能诊断和识别海西制造业绩效的强弱；相反，如果被评价的区域在某个指标上的得分出现明显的不同，则表明这个评价指标具有较高的鉴别力，它能够诊断和识别海西制造业绩效的强弱。在评价指标反应理论中，通常用指标特征曲线的斜率作为评价指标的鉴别力参数，斜率越大表明其鉴别力就越高。图 8-2 给出了三个评价指标的特征曲线，指标 C 曲线的斜率最大，其次是指标 B，而指标 A 曲线的斜率最小，则可以判断：在这三个评价指标当中，评价指标 C 的鉴别力最强，评价指标 A 的鉴别力最差。

构造上述特征曲线需要获取较多的实际资料，为了将研究问题简化，又不影响评价的真实性，在实际应用中，通常用变差系数来描述评价指标的鉴别力：

$$V_i = \frac{S_i}{\overline{X}} \tag{3}$$

其中 $\overline{X} = \frac{1}{n}\sum_{i=1}^{n} X_i$ 为平均值，$S_i = \sqrt{\frac{1}{n-1}\sum (X_i - \overline{X})^2}$ 为标准差。

变差系数越大，该指标的鉴别能力越强；反之，鉴别能力则越差。根据实际需要，可以删除变差系数相对较小（即鉴别力较差）的评价指标。

根据上述原理，运用 SPSS 统计软件包对海西制造业绩效第三轮评价指标进行方差分析，在方差分析基础上计算第二轮评价指标体系 $X^{(2)}$ 中各个评价指标的变差系数，删除了变差系数较小的指标，保留剩余的指标构成第三轮评价指标体系 $X^{(3)}$。

8.3 海西制造业绩效评价指标赋权方法

目前科技和经济评价的方法主要可分为两类：一是客观赋权法，源信息来自统计数据本身，即根据各指标之间的相关关系或指标值之间的差异来确定权重向量；二是主观赋权法，信息来自专家咨询，即根据综合咨询评分的方法来确定权重向量。

将客观赋权法与主观赋权法进行比较，我们发现，主观赋权法易于操作、方法简便，但由于权数的确定依赖于评判人员的经验因素，其应用有一定的局限性；客观赋权法根据被评价对象数据提供的信息，运用一定的方式赋予指标权数，较少受人为因素的影响，但运算过程往往比较复杂。事实上，采用任何一种方法对海西制造业绩效进行评价，都存在一定的优越性和不可避免的局限性。没有一种方法在任何时候、对于各种评价目的都是最优的或适合的。

基于上述分析，本研究根据模糊数学、熵理论与方法，构建一个结合主观赋权法和客观赋权法的评价海西制造业绩效的组合评价模型。

海西制造业绩效评价指标赋权的方法模型，如图 8-3 所示。

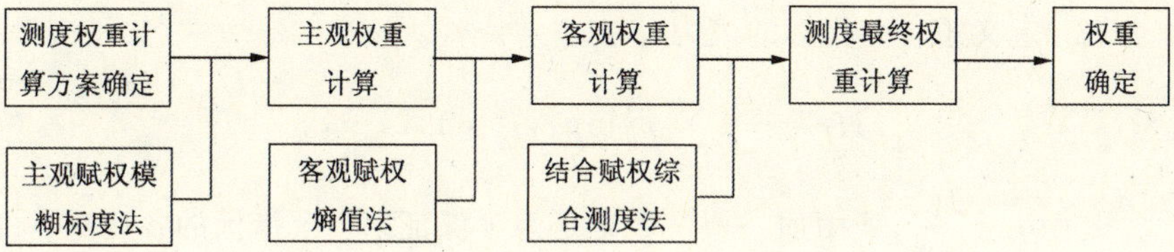

图 8-3　海西制造业绩效评价指标赋权方法

8.3.1　主观赋权模糊标度法

这种方法是运用经验知识，通过对复杂系统中指标之间的相对重要性的反复酌量，按照模糊数学方法，将定性的经验和知识定量化的方法。为了详细地分析各指标之间的重要性关系，可用语气算子和模糊标度表示权重，即将最重要指标依次与第 2 重要、…、第 m 重要指标进行对比，按语气算子得到未归一化权重（重要性的相对隶属度值）W'_{si}，归一化后便可得到各指标的权重：

$$W_{si} = \frac{W'_{si}}{\sum_{i=1}^{m} W'_{si}} \tag{4}$$

8.3.2　客观赋权熵值法

熵值法不需要对数据的分布形态进行任何假定，计算也相对简单。且经过计算本问题中各指标之间的相关程度不高，不宜做主成分分析或因子分析。因此本研究采用熵值法进行赋权。

在信息论中，信息熵被定义为

$$H(x) = -\sum_{i} p(x_i) \ln p(x_i) \tag{5}$$

其中，$p(x_i) \in [0,1]$，$\sum_{i} p(x_i) = 1$。

信息熵可用于反映指标的变异程度，并用于进行综合评价。设有 m 个评价对象，n 项评价指标，形成原始指标数据矩阵 $X = (x_{ij})_{m \times n}$，对于某项指标 x_j，指标值 x_{ij} 的差距越大，该指标提供的信息量越大，其在综合评价中所起的作用越大，相应的信息熵越小，权重越大；反之，该指标的权重也越小，如果该项指标的指标值全部相等，则该指标在综合评价中不起作用。熵值法赋权的步骤如下：

(1) 将 x_{ij} 转化为比重形式的 p_{ij}：

$$p_{ij}=\frac{x_{ij}}{\sum_{i=1}^{m}x_{ij}},\quad i=1,2,\cdots,m;j=1,2,\cdots,n \tag{6}$$

(2) 定义第 j 个指标的熵为

$$H_j=-k\sum_{i=1}^{m}p_{ij}\ln p_{ij},j=1,2,\cdots,n \tag{7}$$

其中 $k=\frac{1}{\ln m}$，式中加一项常数 k 是为了保证第 j 个指标的各比重 p_{ij} 都相等($=1/m$)时，满足 $H_j=1$。这时该项指标不能提供任何信息，对综合评价不起任何作用。式中还假定，当 $p_{ij}=0$ 时，$p_{ij}\ln p_{ij}=0$，从而保证 $H_j\in[0,1]$。

(3) 定义第 j 个指标的熵权 $w_{\sigma j}$ 为

$$\omega_{\sigma j}=\frac{1-H_j}{\sum_{j=1}^{n}(1-H_j)}=\frac{1-H_j}{n-\sum_{j=1}^{n}H_j},\quad j=1,2,\cdots,n \tag{8}$$

其中，$\omega_{\sigma j}\in[0,1]$，且 $\sum_{j=1}^{n}w_{\sigma j}=1$。

8.3.3 结合赋权综合评价法

由于主观赋权与客观赋权各有优缺点，主观赋权法客观性差，但根据指标本身含义确定权重具有优势，而客观赋权法确定的权重有时与实际重要程度相悖，在不考虑指标实际含义的情况下，确定权重具有优势。因此，本研究根据主、客观权重的本质区别，综合主、客观赋权法的优点，采用结合赋权合理地对主观赋权和客观赋权得到的权重进行处理。结合赋权又可以分为乘法合成的归一化方法和线性加权组合法两类，前者适应于指标权数分配均匀的情况，后者克服了前者的“倍增效应”。计算公式如下：

$$W_j=\alpha W_{\sigma j}+(1-\alpha)W_{sj},(j=1,2,\cdots,n) \tag{9}$$

确定 α 是结合赋权的关键，本研究依据以下思路和步骤确定 α 值。

思路：由以上分析可知，虽然主观赋权法在确定权重中具有主观性，但是在确定权重的排序方面具有较高的合理性。因此，在求指标权重时，应以主观赋权法为基础，通过主、客观赋权法得出权重排序之间的关系，确定各指标的权重。若两类方法得到的权重排序一致，则以客观赋权法得出的权重为综合评价中各指标的权重；若两类方法得出的权重排序不一致，应根据指标重要程度等级做不同的处理。

8.4 海西制造业绩效评价指标体系的构建

海西制造业绩效评价指标体系构建包括要素项与指标项的确定，它与海西振兴制造业绩效的认定密不可分，正确认识海西制造业绩效的本质是对海西制造业绩效进行准确评价的基本前提。本节基于对海西振兴绩效的分析，根据海西振兴绩效评价指标体系构建的原则和方法，建立了海西振兴绩效评价指标体系。

8.4.1 海西制造业绩效评价预选指标选择

根据海西制造业绩效评价理论模型和大量现有文献调研，我们从产业规模、产业效益、产业效率、技术创新、国际竞争 5 个领域选择了 13 个指标作为理论预选指标，构成了海西制造业绩效评价指标体系。具体如表 8-1 所示。

表 8-1 海西制造业绩效第一轮评价指标体系 $X^{(1)}$

准则层	准则层Ⅱ	指标层	变量标识	单位
海西制造业绩效评价	产业规模	固定资产原值	$X1$	亿元
		工业总产值	$X2$	亿元
		工业增加值	$X3$	亿元
		全部从业人员平均人数	$X4$	万人
	产业效益	资产利润率	$X5$	%
		资产利税率	$X6$	%
		产品销售率	$X7$	%
		销售利润率	$X8$	%
	产业效率	全员劳动生产率	$X9$	人/年
	技术创新	R&D经费支出占销售收入比重	$X10$	%
		研发人员全时当量	$X11$	人
		新产品销售收入比重	$X12$	%
	国际竞争	出口交货值	$X13$	亿元

8.4.2 海西制造业绩效评价指标的相关性分析

根据前面相关分析的原理，我们以我国30个省区为对象（不包括西藏），通过收集第一轮评价指标体系 $X^{(1)}$ 中13个评价指标的相关数据，运用SPSS统计软件包对第一轮评价指标 $X^{(1)}$ 进行相关分析，得到相关系数矩阵。给定临界值 M 为0.90，在相关系数矩阵中共有2对评价指标的相关系数大于该临界值，删除了其中隶属度相对较低的 $X3$（工业增加值）和 $X6$（资产利税率）2个指标（如表8-2所示），保留11个评价指标，构成第二轮评价指标 $X^{(2)}$。

表 8-2 相关系数大于临界值(0.90)的测度指标

保留的评价指标（X_i）	删除的评价指标（X_j）	相关系数
$X2$	$X3$	0.897
$X1$	$X6$	0.908

8.4.3 海西制造业绩效评价指标的鉴别力分析

根据鉴别力计算原理，运用SPSS统计软件包对第二轮评价指标 $X^{(2)}$ 进行方差分析，在方差分析基础上计算第二轮评价指标体系 $X^{(2)}$ 中各个评价指标的变差系数，发现这些指标的变差系数均比较大，因此上述指标均进行保留，这样，保留的11个指标构成第三轮评价指标体系 $X^{(3)}$。

表 8-3 评价指标的变异系数绝对值排序

评价指标（Xj）	变异系数	评价指标（Xj）	变异系数
$X13$	2.567 6	X10	0.787 7
$X2$	1.767 6	X5	0.691 2
$X4$	1.603 5	X8	0.668 7
$X1$	1.360 9	X9	0.507 6
$X11$	1.297 8	X7	0.452 5
$X12$	0.932 3		

在第三轮评价指标体系 $X^{(3)}$ 中，共有11个评价指标，其中，评价产业规模的有3个指标，评价产业效益的有3个指标，评价产业效率的有1个指标，评价技术创新的有3个指标，评价国际竞争的有1个指标。由此可以建立包括产业规模、产业效益、产业效率、技术创新、国际竞争五个领域共11个指标的海西制造业绩效评价的指标体系，如表8-4所示。该评价指标体系的指标涵盖面广且内在逻辑性强，数量繁简适中，具有较强的可操作性，因此，可以用来对海西制造业绩效进行评价。

表 8-4　海西制造业绩效最终评价指标体系

准则层	准则层Ⅱ	指标层	变量标识	单位
海西制造业绩效评价	产业规模	固定资产原值	*I*1	亿元
		工业总产值	*I*2	亿元
		全部从业人员平均人数	*I*3	万人
	产业效益	资产利润率	*I*4	%
		产品销售率	*I*5	%
		销售利润率	*I*6	%
	产业效率	全员劳动生产率	*I*7	%
	技术创新	R&D经费支出占销售收入比重	*I*8	%
		研发人员全时当量	*I*9	人
		新产品销售收入比重	*I*10	%
	国际竞争	出口交货值	*I*11	亿元

8.5　海西制造业绩效评价指标权重确定

8.5.1　主观权重的计算

通过向有关专家发放调查问卷，并根据调查结果运用模糊标度法进行计算，得到各级指标的权重，最后将两级指标权重向量加权得到变量的权值，具体结果见表 8-5。

表 8-5　指标层内部变量的主观赋权值

准则层	准则层Ⅱ	权重	指标层	权重
海西制造业绩效评价	产业规模	0.40	固定资产原值	0.35
			工业总产值	0.32
			全部从业人员平均人数	0.33
	产业效益	0.05	资产利润率	0.45
			产品销售率	0.22
			销售利润率	0.33
	产业效率	0.05	全员劳动生产率	1
	技术创新	0.25	R&D经费支出占销售收入比重	0.2
			研发人员全时当量	0.45
			新产品销售收入比重	0.35
	国际竞争	0.25	出口交货值	1

8.5.2 客观权重的计算

(1) 对原始数据进行规格化处理。由于各指标的计量单位不同，不能直接进行加权综合，所以需要对原始数据进行规格化处理。这里对原始数据矩阵按以下公式作标准化处理，为方便起见，将标准化后的评价矩阵仍记为 $X=(x_{ij})_{m\times n}$：

对于正指标，有 $x_{ij}=\dfrac{x_{ij}-\min x_j}{\max x_j-\min x_j}\times 99+1,\quad i=1,2,\cdots,m;j=1,2,\cdots,n$

对于负指标，有 $x_{ij}=\dfrac{\max x_j-x_{ij}}{\max x_j-\min x_j}\times 99+1,\quad i=1,2,\cdots,m;j=1,2,\cdots,n$

(2) 根据公式(6)将 y_{ij} 转化为比重形式 p_{ij}，再运用公式(7)、(8)计算各指标的熵权。对每一个一级指标内部的二级指标分别采用熵加权的客观赋值方法，得到一级指标内部的客观权重，见表 8-6。

表 8-6 指标层内部变量的客观赋权值

准则层	准则层Ⅱ	权重	指标层	权重
海西制造业绩效评价	产业规模	0.446 5	固定资产原值	0.300 6
			工业总产值	0.371 4
			全部从业人员平均人数	0.328 3
	产业效益	0.022 0	资产利润率	0.420 0
			产品销售率	0.254 2
			销售利润率	0.325 9
	产业效率	0.046 5	全员劳动生产率	1
	技术创新	0.232 3	R&D经费支出占销售收入比重	0.195 5
			科技人员占从业人员比重	0.465 5
			新产品销售收入比重	0.339 0
	国际竞争	0.252 7	出口交货值	1

8.5.2 结合赋权

根据主观权重对 5 项指标的重要等级排序为 P_1(产业规模)，P_2(技术创新，国际竞争)，P_3(产业效益，产业效率)。由表 8-5 和表 8-6 可知，主观赋权和客观赋权的重要等级排序一致，但是各指标的权重排序不相同，因此符合步骤(4)的情况，依据公式(9)计算得到主客观结合赋权的权值，见表8-7。

表 8-7 主客观结合赋权权值

指标	产业规模	产业效益	产业效率	技术创新	国际竞争
权重	0.433 2	0.021 2	0.048 0	0.242 1	0.251 1

8.6 海西制造业绩效评价结果及分析

根据上述测度方案，可以得到5年包括福建在内的30个地区5个一级指标的数值和总体绩效数值。

8.6.1 总体绩效比较

我们计算了我国各省制造业总体绩效的领先指数、平均指数和指数差距，如图8-4所示。

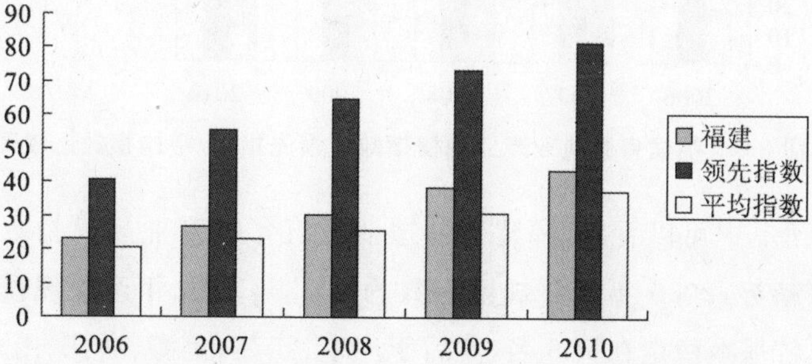

图 8-4 福建省制造业绩效指数与领先指数、平均指数比较图

从图8-4可以看出，福建省近五年的制造业总体绩效指数呈现出逐年稳步增长的趋势，2006年总体绩效指数为22.36，2010年总体绩效指数达到44.09，排名基本稳定在8、9位左右，略高于全国的平均指数。由此可以看出，海西振兴战略的实施对近五年来福建省制造业的作用程度正逐步显现，五年来，福建省通过围绕建设我国先进制造业基地这一目标，把制造业放在突出发展的位置，制造业的规模、效益、效率、创新和国际竞争方面取得一定的进步。但是应该看到，福建省与领先指数比较，尚存在较大的差距，且差距呈现出越来越大的现象，究其原因，主要是福建制造业规模小、起点低，而且大量资产处于低效甚至无效配置状态，而广东、江苏等地区则形成了卓有成效的产业集群，发展较为迅速。福建虽然制造业发展迅速，但仍需加快技术创新步伐，进行体制创新，营造有活力的市场竞争主体，在政府提供政策支持的基础上，如“出口退税”和“进口设备免税”政策，促进多元化投

资主体的形成，提高生产设备的技术水平以及实现制造工艺、人才培养的现代化，大力发展制造业，从而为海西的振兴提供后备力量，使市场机制自身的运行结果有利于促进海西经济社会快速发展所要具备的各种条件，最终促进海西的全面振兴。

8.6.2 产业规模比较

我们计算了我国各省制造业产业规模的领先指数、平均指数和指数差距，如图 8-5 所示。

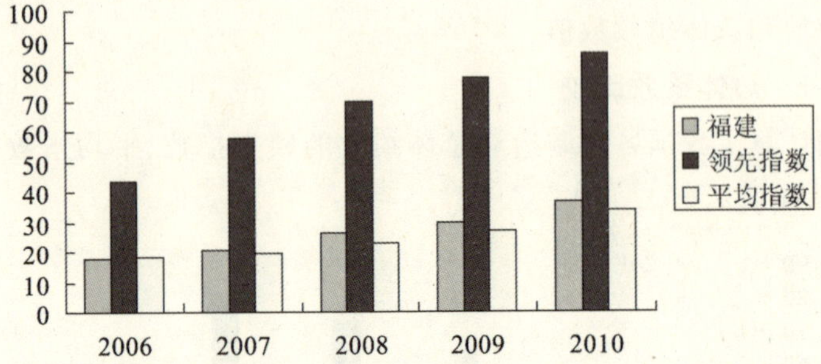

图 8-5　福建省制造业产业规模指数与领先指数、平均指数比较图

从图 8-5 中可以看出，福建省制造业近五年的产业规模指数呈现出逐年增长的趋势，2006 年产业规模指数为 16.34，2010 年产业规模指数达到 36.76，排名基本稳定在第 6 名，落后于广东、江苏、上海、浙江、山东等省市。与领先指数相比存在较大的差距，且差距呈现出越来越大的现象。从平均指数来看，2006 年，福建省略低于平均指数，但随后几年福建省略高于全国的平均指数，且差值基本呈现上升的趋势。

8.6.3 产业效益比较

我们计算了我国各省制造业产业效益的领先指数、平均指数和指数差距，如图 8-6 所示。

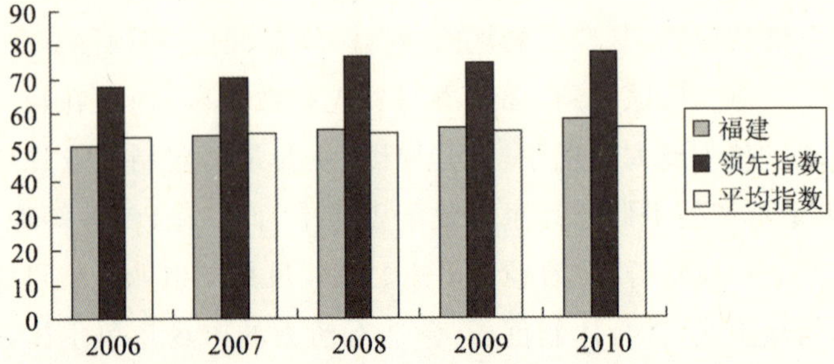

图 8-6　福建省制造业产业效益指数与领先指数、平均指数比较图

从图 8-6 中可以看出，福建省近五年的制造业产业效益指数呈现出逐年增长的趋势，2006 年产业效益指数为 51.54，2010 年产业效益指数达到 58.65，排名基本稳定在 8 名左右，在全国位次处于中上游。但与领先指数比较存在一定的差距。从平均指数来看，2006—2007 年福建省略低于全国的平均指数，从 2008 年开始高于全国的平均指数。由此可以看出，海西振兴战略的实施对近五年来福建省制造业效益指数的作用程度较为明显，产业效益困扰海西的问题得到初步解决，但是提高产业效益的道路仍然任重道远。

8.6.4 产业效率比较

我们计算了我国各省制造业产业效率的领先指数、平均指数和指数差距，如图 8-7 所示。

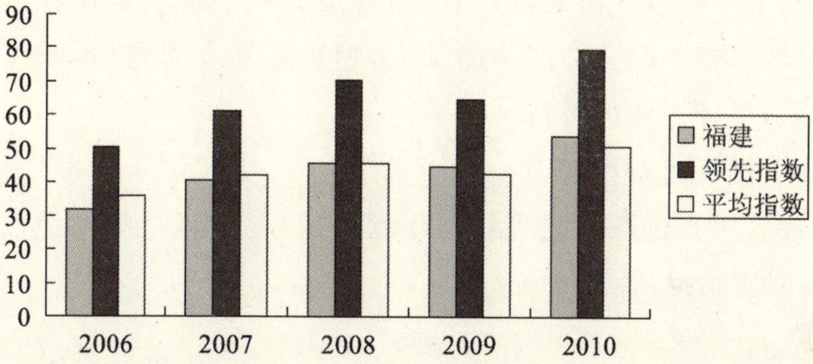

图 8-7 福建省制造业产业效率指数与领先指数、平均指数比较图

从图 8-7 中可以看出，福建省近五年的制造业产业效率指数基本呈现出逐年增长的趋势，且增幅较大，由 2006 年的 32.54 增长到 2010 年的 52.76，排名由第 12 名上升到第 10 名。与领先指数相比存在较大的差距，差距每年变化的幅度很小。从平均指数来看，2006—2007 年福建省略低于平均指数，但 2008 年以后产业效率指数高于全国的平均指数。可见，海西振兴战略的实施对近五年来福建省制造业产业效率的作用程度正在逐步显现，福建省制造业发展逐步由劳动密集型向资本和技术密集型转变，制造业装备和工艺水平迅速提升，自动化和数字化水平不断提升。

8.6.5 产业创新比较

我们计算了我国各省制造业产业创新的领先指数、平均指数和指数差距，如图 8-8 所示。

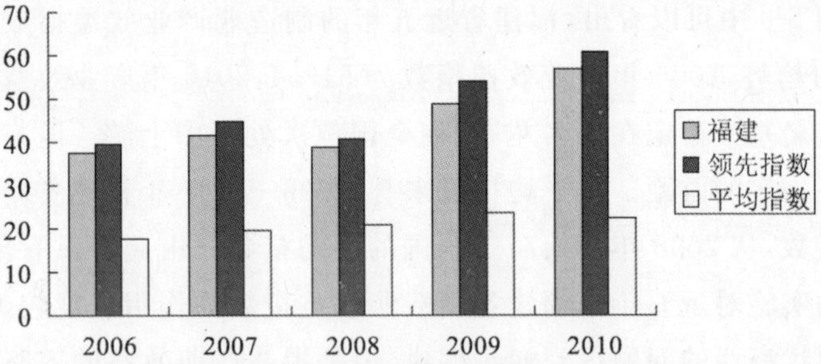

图 8-8　福建省制造业产业创新指数与领先指数、平均指数比较图

从图 8-8 中可以看出，福建省近五年的制造业产业创新指数基本稳定在全国的前列，呈逐步上升的趋势，仅在 2008 年略有下降。与领先指数相比较差距不大，且基本稳定。从平均指数来看，2006—2010 年，福建省全面高于全国的平均指数。由此可以看出，福建省制造业目前比较重视产业创新的研发投入，技术改造力度不断加大，但也要居安思危，不断完善产业技术创新体系，保证产业的可持续发展。

8.6.6　国际竞争比较

我们计算了我国各省制造业国际竞争的领先指数、平均指数和指数差距，如图 8-9 所示。

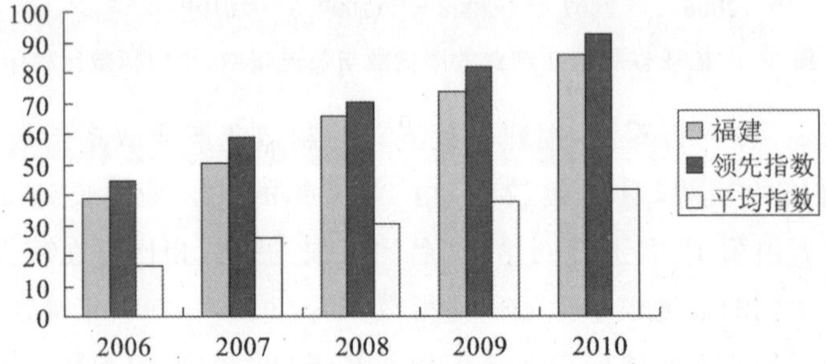

图 8-9　福建省制造业国际竞争指数与领先指数、平均指数比较图

从图 8-9 中可以看出，制造业国际竞争力是福建省的优势指标，福建省近五年的制造业国际竞争指数基本呈现出增长的趋势，2006 年指数为 39.43，2010 年增长到 85.87，增长幅度平稳。与领先指数比较差距较小。应该注意的是，目前国际制造业调整和转移正在加速，福建省同江苏、上海等省市相比在承接产业转移上已经处于落后地位，因此今后应利用福建省制造业本身的优势，进一步加大国际合作，通过联合设计、合作制造，进而推动福建制造业自主创新水平的提升。

第9章

提升海峡西岸经济区制造业效率的路径

总体上说，海峡西岸先进制造业基地建设要坚持走新型工业化道路，注意发挥两个优势。一是比较优势。与发达国家和地区比较，要素成本比较低，与中西部地区比，工业基础又比较好，这就是福建的比较优势。二是后发优势。因为福建已具备一定的经济实力，工业化又处在中后期阶段，从物质基础和人力资本积累上看，已经进入能够较好发挥后发优势的有利时期。因此，要大力增强自主创新能力，着力培育高科技产业和新兴产业，改造提升优势传统产业，争取危机过后福建省产业有一个新的发展面貌和更高的发展起点。

9.1　海峡西岸制造业效率提升面临的环境特征

9.1.1　外部机遇

9.1.1.1　新科技革命孕育和兴起的机遇

2008年，由美国次贷危机引发的金融危机席卷全球，形势变化之快、波及范围之广、影响程度之深、冲击强度之大超出各界预料。但历史经验表明，经济危机往往孕育着新的科技革命，正是科技上的重大突破和创新孕育着新的产业，推动着经济结构的重大调整，从而实现产业新的飞跃提升，为经济增长提供新的引擎。对福建而言，要紧紧抓住全球经济萎缩、设备及高新技术服务价格大幅下滑和人才溢出的良机，大量引进人才和先进技术设备，在产业化最活跃的领域，促进原始性创新、集成创新和引进消化吸收再创新，并将科技创新与产业有机结合起来，主动嵌入支撑、维护、推动产业发展的轨道，提速科技成果转化运用，加快先进适用技术推广，加速科技产业化与产业科技化，借机聚力推动发展方式转变和产业结构升级，提升产业核心竞争力。

9.1.1.2　海西战略上升为国家战略的重大机遇

2009年5月14日，国务院发布《国务院关于支持福建省加快建设海峡西岸经济区的若干意见》，这是中央立足战略全局和长远发展做出的一项重大决策，表明海峡西岸经济区发展战略已从区域战略上升为国家战略，标志着海峡西岸经济区建设站在了新的起点上。它为海峡西岸经济区建设描绘了宏伟蓝图，为加快福建发展指明了方向，使福建能够站在全国区域经济布局和经济全球化的高度来谋求新的发展，拥有更广阔的发展空间。福建省贯彻落实国务院《意见》的《实施意见》，进一步细化了海峡西岸产业创新体系建设的措施，提出要完善科技发展机制、加快建设创新转化服务平台、积极引导创新要素向企业集聚和推进海峡西岸高新技术产业带建设，这些都为"十二五"时期加快福建产业技术创新能力提升提供了重大历史机遇。

9.1.1.3　闽台科技合作不断深入的机遇

近年来，海峡两岸关系出现积极变化，特别是在"大三通"之后，海峡运输时间大大缩短，几个小时就可以跨越台湾海峡，方便了海峡两岸经济、文化和科技的交流。《国务院关于支持福建省加快建设海峡西岸经济区的若干意见》将海峡西岸经济区定位为两岸人民交流合作先行先试区域，要求海峡西岸充分发挥独特的对台优势和工作基础，努力构筑两岸交流合作的前沿平台，推动两岸交流合作向更广范围、更大规模、更高层次迈进，使闽台的科技交流与对接进一步深化，科技交流合作渠道进一步拓宽。闽台科技合作交流的不断深入，两岸科技项目、机构与人才、知识产权、科技信息等的有效对接合作，为福建省加强科技创新和产业化的顶层设计，凝练重点技术领域和项目，在信息、医药、生物、新材料、新能源、海洋等基础研究领域加强高技术和产业关键共性技术开发提供了难得的历史机遇。

9.1.2 面临的挑战

9.1.2.1　跨国公司的封锁使福建产业发展面临更加复杂的国际环境

跨国公司利用其技术优势、品牌优势和全球营销网络优势，在国内和国际市场对我国形成强劲竞争。如不打破这种格局，我国企业技术创新活动将被长期锁定在价值链的低端。因此，福建企业的国际化发展和产业自主创新能力建设既要通过有效的引进与合作，低成本地利用现有的创新成果，又要通过自主研发打破跨国公司的知识产权封锁。

9.1.2.2　国内区域间竞争加剧使福建产业发展面临严峻挑战

为加速经济发展，国内各区域都将产业技术创新置于经济发展和社会进步的主导战略地位，纷纷加大技术投入，加快抢占科技制高点。北京、上海、广东、江苏等科技先导省份凭借其雄厚的技术资源基础和产业实力，在一些重大技术研发上处于领先地位；浙江、山东等省份以快速增强的经济实力，迅速聚集科技资源，着力打造国内领先的产业创新基地。国内区域间对高端产业创新资源的争夺愈演愈烈。对此，福建省必须从发展思路和应对策略等方面做出全局性谋划。

9.1.2.3 经济和社会发展面临资源短缺和生态环境脆弱的双重压力

长期以来，福建省资源相对短缺。作为全省支柱产业之一的石油化工仍属资源消耗型产业，其巨大的资源需求与福建省资源严重短缺的现实形成矛盾。因此，福建省必须坚持科学发展观，以技术创新为动力，努力提高资源消耗型产业的技术水平和资源综合利用率；通过大力发展高新技术产业、先进制造业和现代服务业，进一步加快产业结构调整，促进经济增长方式转变；同时，还要以技术创新提高生态环境自身的可持续发展能力，推动资源节约型、环境友好型社会建设。

9.2 建设海峡西岸先进制造业基地的基本路径

建设先进制造业基地，最根本的是要增强产业竞争力，持续打造海峡西岸先进制造业基地，要围绕自主创新、产业集群、产业升级、闽台合作和可持续发展战略等重点，突出以下“五大战略”。

9.2.1 自主创新战略

随着经济全球化的深入，技术创新在推动经济发展和产业升级过程中所体现的作用受到越来越多的关注，而以技术创新能力为主要指标的核心竞争力成为企业能否在激烈的市场竞争中立于不败之地的关键。在这样的大背景下，海峡西岸经济区制造业要培育核心竞争力，也必须要在技术创新上努力，通过区域创新体系的构建来支撑制造业持续、稳定的高质量发展。

9.2.1.1 加强产业人力资源的积累

区域创新体系建设以创新为重点，而创新又以创新型人才为重要支撑，因此需要不断地培养专业人才，强化专业人才队伍建设以不断满足社会创新的需求。实施人才创新，就要鼓励企业与高校、科研机构联合培养高素质的、复合型的和高技能的创新型人才。

强化人才队伍建设，首先要重视学校在人才培养中所发挥的重要作用。

创新型人才培养关键在于教育制度的创新，要求全社会都重视教育，把教育放在优先发展的位置，促进义务教育、高等教育以及高等专科教育的协调发展，进一步强化政府在教育方面的监督责任，加大对教育经费的投入，尤其是高等院校科研经费的投入。不断加强对高层次人才培养的力度，培养具有创新精神的人才，有针对性地培养一批重点学科、重点领域的人才，造就一批适合于海西产业结构和发展状况的专业技术型人才。

其次要重视高素质杰出人才的引进。要积极引进国内外专业型人才，尤其是在某一领域有杰出贡献的人才。一方面，可以制定相关的政策，吸引具有高水平的专业性人才和工作团队；另一方面，鼓励具有杰出贡献的优秀人才以各种方式为海西建设提供服务。完善引进人才的保障措施，为优秀人才提供舒适的工作环境。

9.2.1.2 完善政府政策和法律法规

在区域创新体系建设过程中政府一直发挥着引导的作用，一方面政府作为一些重大项目的组织者和直接参与者，为海西建设制定整体规划，引导企业进行创新；另一方面，政府通过制定法律法规和政策制度，不断优化社会资源的配置，引导企业以合理合法的方式进行创新，为海西建设提供了重要的保障。

鉴于政府在区域创新体系建设中发挥的重要作用，因此，政府要通过政策和法律法规的不断完善创新环境，使各项工作都能够按照相应的规章制度有条不紊地进行。同时，政府还要通过制定激励政策吸引外商到福建进行投资建设，进一步加大海西招商引资的开放性，加强企业、高校和科研院所的对外交流与合作。

政府还应该在区域创新体系建设的过程中贯彻自主创新的思想，鼓励自主创新并提供相应的平台和资金支持自主创新，同时完善知识产权保护法在创新过程中的贯彻落实。

9.2.1.3 健全区域创新体系

区域创新体系的建设需要多种群体的互动参与，一般包括企业、高校、政府机构和科研院所，各个不同的行为主体在区域创新体系建设过程中凭借各自的优势发挥着重要作用。而一个健全的创新体系是以企业为技术创新主体，以高等院校和科研院所为知识创新主体，以政府机构为管理和制度创新主体。

企业作为技术创新的主体表明企业既是技术创新的研发主体，又是技术创新的投资主体，同时还是技术创新的受益主体。就企业作为研发主体而言要求有条件的企业通过成立独立的研发机构开展技术创新活动，而没有条件的企业要能够与高校和科研机构联合进行技术创新，彼此之间相互促进创新的发展。

在加大鼓励自主创新的同时，还要意识到高校和科研院所作为知识创新的主体所发挥的重要作用。高校要加强重点学科体系建设，培养具有高水平研发能力的专业型人才，同时要通过项目合作、技术引进等多种途径进行“产学研”合作。

政府作为管理和制度创新主体，要通过建立和营造制度支撑环境，使得资源在企业间合理地流通和配置。政府作为城市创新的主体，可以通过制定相应的激励措施和保护政策，实现经济的可持续发展。

9.2.1.4　构建多元化的创新资金投入体系

根据区域创新体系建设的需要，建立以政府投入为引导，企业投入为主体，公共服务机构和金融机构投入为支撑的多元化的金融投入体系，从而有充足的资金来源满足海西创新的需要。在完善创新资金投入来源的同时，还要加强对科研经费的监管措施，以保证每一项科研经费都真正用在需要的地方，提高经费的使用效率，提高创新成果的质量。

根据企业、政府和高校在创新中所扮演的角色，在创新融资方面的作用也不同。企业要能够加大对创新的投入，逐步提高科研经费占产品销售收入的比重，优化投资结构，提高创新经费的产出率。政府可以制定激励性的税收政策和建立便捷的融资渠道，鼓励企业和科研机构进行创新活动。

9.2.1.5　培养有利于创新的环境氛围

良好的创新环境将会进一步提升城市创新程度，因此，这就要求海西能够向公众以各种方式进行科普、创新知识的宣传，提高全民科学文化素养。通过举办各种科普活动鼓励全社会进行创新活动，并为其提供技术支持。建立政府主导、社会广泛参与的创新工作机制，加大地方财政对创新活动的投入，加强图书馆、博物馆、文化宫、科技馆等的建设；充分发挥报纸、杂志、电视等媒体的功能，宣传科学创新知识。

9.2.2　产业集群战略

产业集群是海峡西岸先进制造业基地建设的有效载体，要创新项目机制，建设一批扩张性强、发展潜力大的产业集聚项目组团和工业骨干项目，增强产业集聚能力。要进一步优化产业集聚条件，强化产业集聚保障措施，促进产业结构优化升级。

9.2.2.1 加强规划指导，重视产业集群发展

要认真执行国家产业政策，坚持“高起点、高标准、布局合理、适度超前”的原则，从实际出发，遵循产业集群形成、演进、升级的内在规律，准确把握产业集群的不同特征，科学规划、合理布局，统筹区域协调发展。加强对主导产业、新兴产业、传统产业的行业管理和规划引导。以加强制度创新、技术创新和管理创新为突破口，推动产业集群在更高层次上、更加深入地参与国际分工，引导和促进产业集群实现转型升级。要高度重视产业发展分析预测工作，跟踪经济运行情势，深入研究产业发展状况，做好产业信息发布工作，正确引导企业投资方向和生产经营行为，不断完善产业发展预警机制和风险防范应急体系建设。建立健全促进产业结构调整和发展的组织协调和监督检查机制，各司其职，密切配合，形成合力。省一级规划部门要根据不同地区工业发展水平、发展条件和区位特征，因地制宜，分类指导，确定推进产业集群升级的方案。各市、县不必再做“小而全”的产业发展方案，而主要为省的规划方案制定配套措施。要认真组织规划实施工作，各部门要制定相关的工作任务和配套政策，及时解决规划实施过程中遇到的重大问题。注重对产业集群的宣传报道，总结经验，推广典型，以点带面。

9.2.2.2 实施项目带动，引导产业集群发展

应按照“外延拓展、内涵深化”的要求，不断提高产业集群项目在固定资产投资总量中的比重，提高产业集群重点项目在重点项目总数中的比重，带动产业集聚、壮大产业集群，增强经济发展后劲。抓住国家助推海峡西岸经济区发展的有利时机，大力推进福建省与台、港、澳、外的产业对接，系统地提出各行业利用外资重点导向目录，积极主动承接国际产业转移，尤其是台湾的产业转移，以及省际周边区域的产业转移和省内区域的产业整合、互动。抓住新一轮全球产业分工、调整、重组的重大时机，以及我国重化工业布局向沿海转移的趋势，发挥福建省港口资源优势，加快电子信息、石油化工、机械装备、造船修船等产业发展。要提升项目运作质量，抓好项目生成、培育和选择，提高项目设计和实施方案的科学水平，切实控制投资，确保质量，提高效益。要做好项目资金的筹措和管理工作，通过市场和政府两种渠道筹措建设资金，广泛吸纳社会资源，投向主导产业。与金融机构密切配合做好项目贷款工作，创新各级各部门投入重点项目财政性资金的使用方式。做好项目组织保障工作，及时协调解决项目工作中存在的困难和问题，建立

实行动态管理的项目储备库。突破体制障碍,着力引导各类资金参与主导产业项目及其配套设施建设。要提升对项目的服务水平,进一步推广网上审批、并联审批、集中审批、网上监察等经验做法,在服务中发现问题,破解难题,创新体制机制。研究制定对已取消、不再审批和调整事项的后续监管措施,建立健全行政审批责任制和责任追究制。结合省政府颁发的《关于实施项目带动战略的若干意见》,注重落实,并不断充实和完善。

9.2.2.3 提升工业园区,促进产业集群发展

首先,做好清理整顿和整合提升工业园区的工作。要抓紧制定和完善关于行业准入的技术、质量、环保、安全、能耗等准入标准,运用准入标准指导企业技术进步,抑制低水平盲目发展和重复建设。强化开发区或工业园区主导产业定位,强调因地制宜、错位发展,完善基础设施,增强技术、金融等综合服务功能,吸引企业向园区集聚,提高产业竞争力。要充分发挥制造业产业集聚的优势,按照产业链配套的要求,集中力量整合提升各类工业园区。市以上重点工业园区要加快产业结构调整,突出产业特色,明确功能定位,发挥比较优势,实行错位发展。加快落实大工业组团规划,重点建设一批布局合理、功能完善、主业突出、产业配套、管理规范、环境优美的工业园区和开发区,使其成为承接国际先进制造业转移和国内外大企业投资的新平台。其次,要因势利导推进各具特色产业集群区的融合互动。要根据不同地区经济发展的差异性和产业集群化发展程度的差别,从各地实际出发,区别不同层次,合理布局,推动各类产业集群的发展。福州、厦门、泉州地区产业集聚化程度较高、体量较大,并有加速发展态势,目前的重点是通过建设一批具有一定规模的专业化园区作为产业集群发展的重要载体,健全园区生产协作与服务体系,构建园区集群公用技术开发平台和企业间技术转让的交易平台,提高产业集群的专业化协作和社会化服务水平,促进产业集群向高端发展。漳州、莆田、宁德地区地处沿海,具有交通、港口等区位和基础设施优势,目前的重点是以实施项目带动战略为突破口,通过开发区(工业园区)的整合和优化、大的跨国公司或龙头企业的入户落地、专业市场项目建设、大力发展民营经济项目等多种方式,诱导一批相关联的企业集聚、衍生和扩张,促进产业的集聚和全方位高速扩张。南平、三明、龙岩地区除了要继续巩固和发展已有产业集群外,以发展"一地一品"特色产业为突破口,结合本地资源,因地制宜,选择本地具有优势地位的产业,加大引导和投入力度,引进或培育一批具有较强衍生能力或具有一定示范性的龙头企业,逐步衍

生或吸引更多相关企业聚集，完善产业体系，形成各具特色的产业集群区。

9.2.2.4 建设有特色的制造业集中地

依据福建的动态比较优势和现有的产业基础，电子信息、机械装备、石油化工三大产业已成为主导产业，但还有很大发展空间，要以产业链和产业基地为切入点，以专业园区为承载体，通过强化技术的研发、引进吸收和创新，把产业协作作为产业集群发展的重点，发展产业链。提倡大工业专业化协作，围绕重点产品进行供应链配套，围绕重点项目发展下游产品。提倡大企业由制造业向研发和服务业两头延伸，由“橄榄型”向“哑铃型”转变，拉长产业链条，拓展发展空间。提倡中小企业以终端产品为目标，发展支持产业，形成经济网络。

要强化产业链招商工作，把利用外资与培育产业集群有机地结合起来，实现“由项目形成企业，由企业形成产业，由产业形成产业链”的延伸和扩展，发展一批具有比较优势的传统制造业产业集群，培育一批新兴产业集群。一是制订产业链招商规划。要对福建省电子信息、机械装备、石油化工三大主导产业和一些有较大比较优势的产业开展深入细致的调查研究，理清产业链，找准上下游产业链的空白点和薄弱点，据此研究制订产业链招商规划。二是强化产业链项目招商。要鼓励各类市场主体根据自身的产业和产品特点，从上下游产业链延伸中主动寻找关联项目，政府要及时了解现有企业特别是重点企业的产业配套关联信息，为市场化引资提供信息化服务和中介平台。在对外招商活动中，应针对龙头项目的发展需要，重点推出配套项目开展招商，尽快做大做长产业链。三是要下大力引进并办好产业链龙头项目。对冠捷、戴尔等重点企业的项目，加强跟踪服务，帮助解决实际困难和问题，尤其是要针对这些企业受国家出口退税机制改革影响较大的情况，研究个案扶持政策，确保企业顺利发展。

9.2.3 产业升级战略

调整和优化福建制造业产业结构，就是要通过市场竞争和政府的宏观经济政策，淘汰那些落后过时和严重亏损的企业，使优势企业真正成为产业主力。福建的部分制造业具有一定的竞争优势，加快这些产业的设备更新和技术进步，尽快提高产品的质量与档次，提高产品的附加值，这是符合地区实际情况和产业分工原则的现实选择。

9.2.3.1 推进信息化带动工业化

加大传统产业的信息化建设力度，着重从生产过程、企业管理、流通领域等三个方面提高企业信息化的应用水平。重点支持产业集群的龙头企业应用嵌入式软件技术、计算机辅助设计、计算机集成制造系统、先进控制技术、集散控制技术、柔性制造系统、模糊控制技术等；推广应用企业资源计划、客户关系管理、供应链管理等各种先进实用的信息系统；支持企业完善电子商务的网络基础设施和各类应用系统的建设。重点支持区域性或行业性电子商务平台的建设，完善应用配套设施和公共服务、信用与安全体系建设。加快企业信用体系建设，完善企业信用信息采集、汇总和信息系统建设。推进制造业信息化应用服务平台和中小企业信息服务平台等建设。走新型工业化道路，坚持以信息化带动工业化，加快工业化进程。加大对制造业的投资，提高制造业在固定资产投资中的比重，提高能够引导和促进产业壮大的项目在重点项目中的比重，加快培育形成一批拥有自主知识产权的知名品牌、国际竞争力较强的优势企业，把福建建设成为符合科学发展观与循环经济发展要求的海峡西岸先进制造业基地。

9.2.3.2 壮大三大主导产业

重点扶持发展一批关联性大、带动作用强的龙头企业和骨干项目，延伸产业链，壮大产业规模，增强产业竞争力。

(1) 信息产业。加快建设国家级福厦沿海信息产业基地，努力实现福建省从信息产业大省向信息产业强省的转变。以加强园区建设为载体，重点培育壮大福州(马尾)显示器件、福清显示器、厦门半导体照明、泉州微波通信、莆田液晶显示等五个国家级产业园区，加快发展漳州智能小家电、福州长乐光电子、三明将乐石英谐振器件等新兴产业园区。积极发展新型显示器及显示器件、计算机及网络产品、数字视听产品、移动通信产品、新型元器件等主导产品，拓展龙头产品产业链。大力发展集成电路设计、制造、封装及测试产业，壮大集成电路产业集群。加快推进等离子显示产品和液晶显示产品、集成电路、半导体照明芯片、封装和应用产品、光通信产品、新一代网络交换机及路由器和片铝电解电容器等项目。

(2) 石化产业。重点建设湄洲湾和厦门海沧石化基地，推进石化中下游产品生产向周边区域辐射延伸，以石化中上游项目为依托，加快推进苯、碳四、碳五馏分利用，重油加工，催化裂解和聚烯烃后加工以及精细加工项目建设，延伸石化产业链。重点建设炼化一体化、厦门 PX、石狮 PTA 等骨干项目建设，积极推进炼化一体化二期扩建等项目前期工作。

(3) 机械产业。坚持自主创新与技术引进消化吸收相结合，强化政策支持，大力发展汽车、修造船、飞机维修、工程机械、机电设备、环保设备等，提高信息技术、光机电一体化、新材料及环保技术等运用能力和新产品开发能力，提高设备国产化和本地化水平，振兴装备制造业。汽车工业要扩大和提升闽台合作规模和层次，加速与国内外大汽车集团的战略联合，重点推进东南汽车、厦门金龙客车和泉州、龙岩、永安卡车与特种车以及戴-克项目、厦门汽车城等项目建设，形成闽东南和闽西北汽车及零部件生产基地。船舶工业要加快泉州船厂等项目建设步伐，推进民营修造船企业发展，将福建省建成全国修造船基地之一。工程机械要着力提高制造技术水平及产品开发能力，加快工程机械、港口机械和纺织机械优势产品与配套产品的发展，建立较为完善的专业化协作配套体系，建成全国重要的工程机械生产基地。进一步做大厦门太古飞机维修基地，促进福州、宁德等电机产业结构优化升级。

9.2.3.3 积极发展高新技术产业，改造提升传统优势产业

先进制造业基地以高新技术为先导，以高附加价值产品为主体，因此，高新技术是衡量制造业基地是否先进的重要指标，是突破传统产业部门，形成竞争优势的重要动力。福建应加快发展集成电路设计和软件、光电、消费电子、生物医药、精密仪器、环保、新能源、新材料等高新技术产业，发展新型产业，提高产业附加价值。应用高新技术和先进适用技术改造提升建材、冶金、纺织、轻工、食品、林产等传统优势产业，以质量品种、节能降耗、环境保护、工艺优先、更新设备、安全生产为重点推进技术改造。鼓励企业广泛开展品牌创新、研发设计、开发应用新型材料，生产出更新更优的产品，提高产业的竞争力水平和产品的市场占有率。

9.2.4 闽台合作战略

《国务院关于支持福建省加快建设海峡西岸经济区的若干意见》提出，建设海峡西岸经济区的战略定位之一为“建成东部沿海地区先进制造业的重要基地”，这就意味着，通过这一基地的建立和辐射作用的发挥，提升海西区的沿海实力，拓展内陆深腹，推动海西区与长三角、泛珠三角之间的链接和区域经济协调发展，实现东部沿海经济板块资源整合。福建打造先进制造业基地要以开放的姿态加强与周边区域的互动发展，积极推动闽台产业合作深化。

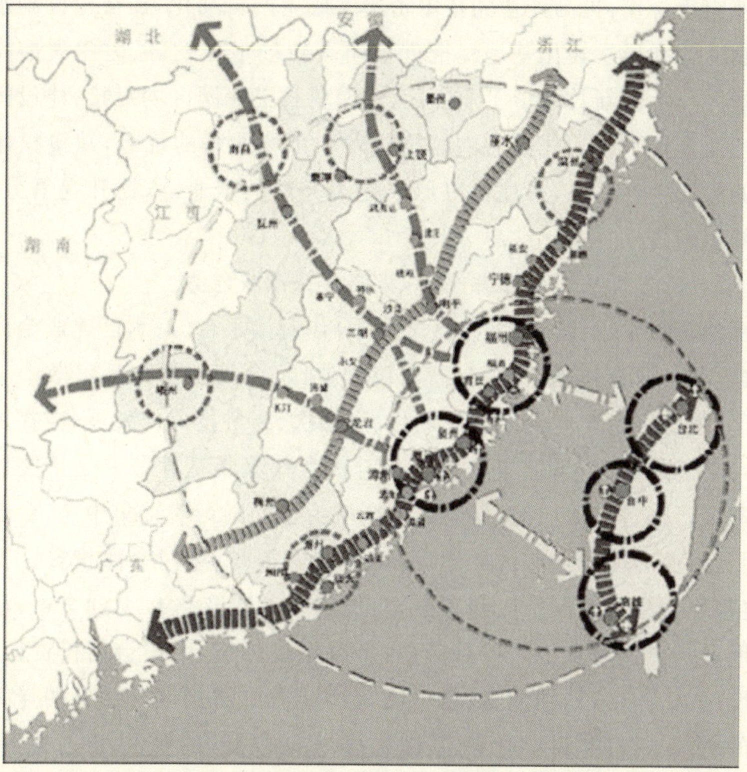

图 9-1　海峡西岸经济区的区域辐射及对台优势

9.2.4.1　深化闽台产业分工与合作

闽台两岸比较优势的存在促使产业能够进一步深化分工合作，获得各自最大的利益。福建应确立闽台经济合作的重要产业与区域经济布局，建立有效、长远的合作架构与区域经济体系，选择一些特定产业与台湾地区建立产业分工体系。当前应重点确定符合本地产业发展需要、具有高成长性的产业进行对接，优化投资环境，促进更多的台资企业整体性转移；要加大对有市场优势终端产品的大企业、大项目的招商引资，通过吸引这类企业进而吸引与之相配套的上下游企业，有效利用本地优势，弥补投资地产业链的缺陷。政府也可以出台某些政策，支持当地企业（尤其是民营企业）投资配套行业。通过加强闽台产业对接和配套，延伸产业链，形成互补型产业分工协作的关联体系，进而提高区域内的投资与贸易一体化水平。要注重引进关联性项目，形成产业集群，提升产业竞争力，以加快本地产业结构的优化、调整和升级。着力建设现代化“研发—转化—制造”基地。突出与台湾地区的科技交流合作，提高产业的技术密集度或生产自动化，加快建设高水平的现代制造业和研发转化基地。推进福州高新技术开发区、厦门火炬高新技术开发区与台湾新竹科学工业园区、台南科技工业园区的对接，建设闽台高科技产业合作平台。凭借岛内科技研发和市场网络的优势，嫁接福建相对成熟的加工生产体系，两地可以形成更为完整的产业链，提升竞争力，取得合作共赢的效果。

9.2.4.2 拓展对接合作平台，提高产业承载能力

福建是最早承接台资的地区之一，合作对接平台方面，已建成台商投资区、农业和林业合作试验区、台湾农民创业园、台湾农水产品集散中心等涉台园区，随着闽台产业合作朝专业化、高档次、高科技方向发展，应在加强原有平台功能的基础上，加快建设产业对接合作聚集基地。一是拓展提升台商投资区。推进以厦门湾、湄州湾等区域为主的闽台对接集中区、台商投资区、闽台产业对接专业园区的建设；加快实施福州、厦门台商投资区扩区工程，将福州台商投资区扩大到琅岐，将厦门台商投资区扩大到全市；尽快落实新增泉州台商投资区的项目落地，争取增设漳州、莆田台商投资区；加快形成厦门湾、闽江口、湄洲湾、东山湾等产业集中对接区。二是加强闽台园区间的对接。按照"科学规划、基础先行、差异发展"的要求，以石化集聚区、光伏园区、装备制造业产业集群、船舶制造基地等专业园区为依托，由政府投入部分资金，由台商协会组织实施产业对接，加强与台湾产业园区衔接，主动承担台湾产业转移，形成一批海峡两岸产业对接示范区，促进闽台产业对接进一步集聚、提升。结合海峡西岸在资源、市场、劳力、科研以及政策等方面的有利条件，建立"海峡经济超级工业园区"，并将其建设成"园区布局分工明确、科技项目集中建设、创新资源有效配置、产学研紧密结合"的创新型园区。使之成为闽台两岸产业间进行双向交流的有效平台，推动两岸成为全球高科技产业制造、研发和技术供应中心。

9.2.4.3 推动平潭综合实验区开放开发，推进闽台产业合作的探索性试验

按照"共同规划、共同开发、共同管理、共同经营、共同受益"原则，将平潭综合实验区开发建设为两岸同胞融合示范区，是闽台产业深度对接的突破口。一是多方筹措基础建设资金。积极争取中央有关部委对平潭综合实验区建设的支持，配合平潭"三年大变样"的规划目标，向财政部争取平潭实验区每年10亿、为期三年的专项补助。二是加快发展与海岛资源环境承载

力相适应、具有较强竞争力的现代产业体系。积极承接台湾先进制造业转移，加快发展节水低排的电子信息、机械制造、新材料、海洋生物、清洁能源等产业，实现“一岛两区”的产业合理分工；依托平潭景观独特和生态环境优越条件，加快发展旅游业，把平潭建设成为生态旅游、休闲度假、商贸服务、文化交流等多功能的国际海岛旅游胜地；积极发展现代服务业，构建以现代物流、文化创意、商贸、会展等现代服务业为重点的产业体系，努力把实验区建设成为海峡西岸区域性商贸物流中心。三是继续争取更加宽松的先行先试政策。平潭是对台合作先行先试的综合实验区，它肩负着促进两岸和平发展的探索性实验重任，需要有更加宽松的对台合作先行先试政策予以支持。应继续努力争取两岸ECFA平潭专项附加条款的通过和更加优惠的海关特殊监管区政策、口岸开发政策、旅游商品免税政策和两岸人员往来政策相关政策。

9.2.4.4 加强软硬设施建设，营造良好的产业合作环境

要促进对外开放产业合作，必须加强产业基础设施建设，理顺体制机制，落实政策保证，形成对外引进各种生产要素和产业的强大磁吸力，并保证产业合作层次的高端化和持续性。建立合理分工、便捷高效的基础设施网络系统，完善福建交通体系建设，突出“大港口、大通道、大物流”建设，构建四大综合通道，使东南沿海区域资源配置进一步优化，加快建设区际信息高速公路，促进区域信息资源共享，增强区域制造业发展的协调性。加强区域政府间政策的协调，特别是在制定制造业中长期发展规划时，要综合考虑周边区域的规划。进一步落实台商投资优惠政策，用好、用足、用活国家出台的各类涉台经贸优惠政策，继续落实税收方面的优惠政策，保障对接项目的生产条件，为闽台产业对接提供良好的环境。

9.2.5 循环经济战略

《海峡西岸经济区发展规划》明确指出，海峡西岸经济区建设要按照“减量化、再利用、资源化”的要求，大力发展循环经济，提高资源的综合利用率。努力促成先进制造业基地的建设和循环经济同步发展，实现资源的梯级利用和循环利用，促进海西经济区制造业的产业升级和结构优化调整，实现制造业的可持续发展。

9.2.5.1 工业发展要适应资源和环境承载力，建设资源节约型和环境友好型社会

一直以来，福建省自然资源相对贫乏，而工业产业尤其是大型制造业对

资源与环境的依赖性很强。目前，海峡西岸经济区的战略型产业集群如中石油化工、机械制造均为重工业，需要大量的自然资源作为其发展的支撑和保障，这就与海西经济区资源不足的现状形成了尖锐的矛盾。因此，海西经济区必须改变传统的发展模式，工业发展要考虑到资源和环境的承载力，逐步转变经济发展方式，通过产业结构调整和优化升级，推进新型工业化进程，实现经济增长方式由高消耗、高污染向低消耗、高产出的转变。

9.2.5.2 调整优化产业结构，通过产业结构升级实现循环经济的共生发展

海西经济区在实现经济飞速发展的同时也出现了资源紧张、电力短缺等现象，因此必须通过技术创新和产业结构升级实现海西经济区的循环可持续发展。首先，海西经济区要依靠科技进步实现产业升级和经济增长方式的转变，通过制定严格的准入机制，淘汰那些低产能、高污染的企业，大力发展技术含量高、环境污染小、社会效益大的产业。其次，要通过工业结构调整，实现循环经济发展目标，通过工业产业结构调整和优化升级，实现由传统的规模小、技术含量低、粗放型发展模式向具有高附加值产业的转变。第三，海西经济区要积极引导和鼓励企业采用国际标准和国内外先进标准，提高企业运营效率，降低资源消耗和环境压力。

9.2.5.3 建立生态工业园区，增强三大主导产业发展后劲

信息产业、石化产业和机械产业作为福建省的主导产业，还有很大的提升空间，通过生态工业园区建设，形成优势企业或者相关联产业的集聚，促进龙头企业及上下游产业链的修补、拓展和延伸。如马尾生态工业园区已经形成了以电子信息为龙头产业的格局，涵盖了冶金机械、食品加工、水产饲料、轻工防止、生物医药和交通设备制造等七大产业簇群；青口汽车生态工业园区具有主车厂和配套车厂合作紧密、产业积聚的特征；泉港石化生态工业园区石化产业高度集聚，产业链密切相关。

通过推进工业园区的生态化建设，园区内的物流、信息流、资金流能够合理流通，工业设施、基础设施和服务设施合理利用，形成园区内企业共生和代谢的生态网络，促进各个企业之间的资源共享和产品的多级利用，重点建设一批循环型工业示范园区，努力将马尾生态工业园区、青口汽车生态工业园区和泉港石化生态工业园区建设成为循环经济的示范区域。

9.2.5.4 加大对污水和垃圾处理的监管力度，鼓励环保产业的发展

海西经济区发展必须按照“减量化、再利用、资源化”的原则，加快环保

基础设施建设，完善管理机制。鼓励和引导诸如太阳能产业、风力发电产业等节能环保产业的发展，支持传统产业通过产业结构调整和优化升级转变发展模式，对环境污染严重、资源利用效率低、社会经济效益小的产业要坚决予以淘汰并防止这些产业进入海峡西岸经济区，要有计划地推进工业废水、城市生活污水、城市固体废物处理的资源化利用。建立功能齐全的垃圾分类、回收、再循环系统和危险废物处置中心，促进资源再生产业的发展，为将福建省建设成为资源循环型城市、生态省创造条件。

9.3 完善政府配套政策

政府作为经济市场正常运行的监管者和相关政策的制定者，在海峡西岸经济区的建设过程中要切实落实《国务院关于支持福建省加快建设海峡西岸经济区的若干意见》中的要求，全面落实海峡西岸经济区“两个先行区”建设的各项战略部署，扎实推进海峡西岸经济区建设“十大举措”的实施，着力构建“九大支撑体系”，落实、对接各方面支持海峡西岸经济区发展的相关政策和决定。

9.3.1 加强能减排监管力度和配套措施的制定

切实加强循环经济战略的实施，建立资源和能源循环利用的长效机制，不断深化节能减排的监管力度，加强对重点行业、200多家重点企业尤其是参加全国千家企业节能行动的14家企业的节能跟踪和管理，对能耗高、产能小、环境污染重的企业要强制关闭，对规模大、产能不足、资源利用率低的企业进行整改。同时，还应该以政府资金为引导，筹集建立节能减排转向基金，积极推动清洁能源项目的建设，促进能源结构的优化和调整。鼓励和支持企业通过技术创新和研发，提高资源能源的利用效率，扎实推进“两型”社会建设，努力构建人居环境优美、生态良性循环的可持续发展地区。

9.3.2 积极推进和完善区域创新体系建设

近年来，尽管中国制造业得到了快速发展，但我国的科技创新能力却没有显著提高，研究表明造成这种现象的主要原因是：一方面我国制造企业创新能力普遍偏低，发展速度跟不上国际潮流；另一方面是没有以制造企业的实际需求为导向。因此，福建省在海峡西岸经济区的建设过程中要通过创新体系的建立和完善，激发和引导制造企业的科研创新活动和科技研发，在这方面政府可以制定优惠政策。同时，政府还要积极争取国家对海峡西岸经济区在投资、财政、税收等方面的政策支持，为企业科技研发和实现自主创新提供多方位的援助资金。此外，政府要促进企业、高等院校、科研机构三者之间的合作，实现“产一学一研”的合理衔接，加速科研成果的转化。通过构建区域创新体系，实现海西经济区自主创新能力的提升和科技实力的飞跃发展。

9.3.3 推动金融服务创新，发挥资本市场功能

在体制和结构上具有自由化和现代化的金融和资本市场是现代企业发展的血脉，通过推动金融服务创新，引进市场机制募集社会资金是解决福建省资金供给不足的必要手段和有效途径。政府要通过产业整合基金充分发挥金融投资机构的投融资功能，将风险投资和银行资金结合起来引入到中小企业的科技创新中，解决中小企业借贷难的现状；充分发挥资本市场的功能，包括主板、创业板和三板，积极探索体制创新，运用市场手段推进资产的流动重组，促进资源向优势企业和产品的聚集；加强金融监管体制建设，完善金融机构、投资机构的公司治理结构，为海峡西岸经济区建设提供一个良好的金融服务体系。

9.3.4 转变科技投入结构，实现投资主体多元化

投资结构的转变是推动转变经济发展方式的动力。为了改变福建省科技投入体系的封闭分立状态，政府要引导和鼓励民间资本进入国家科研基地，允许民间资本参与到科研创新领域中去，尤其是与人民生活密切相关的行业中去。在投资分配中，要提高对能增强经济发展潜力企业的投资力度，追求“有效投资”、“高效投资”、“绿色投资”，而要适当减少经济效益低、发展前景不明朗的科技型企业。针对福建省投资产业结构存在的偏差，以增量投资扩大和存量投资调整为手段进一步调整三次产业的投资结构，提高资本使用效率。

9.3.5 优化产业结构，促进产业结构升级

福建省要鼓励和支持具有竞争优势产业的设备更新和技术进步，提高产品质量和附加值，同时要选取具有一定竞争力的高新技术产业如医药制造业、机械制造业和电子信息业作为重点培育对象。政府通过制定产业结构政策，支持新兴主导产业的发展，鼓励技术创新，促进制造业产业结构的高效化。政府要积极引导外资投向，促进工业结构调整升级，充分发挥福建省的比较优势。注重引导福建企业参与外资企业的配套型协作生产，重点鼓励外资在高新技术产业和先进制造业行业的投资，更好地发挥跨国公司

的技术溢出效应，促进产业结构的优化升级。

9.3.6 鼓励和引导民间投资，提高投资自主增长能力

改革开放以来，我国民间资本不断发展壮大，已经成为促进世界经济发展、调整产业结构、扩大社会就业的重要力量，因此福建省要深入贯彻落实《国务院关于鼓励和引导民间投资健康发展的若干意见》[国发(2010)13号]等一系列政策措施，鼓励和引导民间资本进入公共交通、电力供应、环境保护、收费高速公路建设、水电气的生产和供应、文化教育及体育产业和基本医疗设施的生产等领域，引入市场竞争，推进投资主体多元化发展。清理和修改不利于民间投资的法规政策规定，切实保护民间投资的合法权益，培育和维护平等竞争的投资环境，为民间投资创造一个宽松、阳光的平台。同时，解决民营经济和中小企业融资难问题，逐步提高国民经济中投资的自主增长能力。

9.3.7 改善投资环境，促进投资环境的良性发展

近年来，福建省的投资环境有了很大的改善，但和发达地区相比还有很大的差距，下一轮改革的重点是市场制度的优化和完善，进一步降低和消除直接投资壁垒，吸引和鼓励外国投资者参与市场竞争；发展金融市场，通过投资环境的改善吸引银行和金融投资机构的投资，鼓励和支持民间资本的投资，不断增强福建自身的投资吸引力。

第10章 结论与展望

本研究运用规范的经济学分析方法和现代经济计量方法对我国制造业的增长与效率问题进行了比较系统的研究。本研究着重从效率的角度对制造业增长进行了理论探讨和实证分析,本研究的研究目标已经达到。制造业在中国还属于新兴产业,研究发现制造业增长中仍有大量需要深入研究的问题,限于本研究的篇幅和当初设计的研究框架,无法完成这些研究,本研究也只是从一个角度探讨了制造业增长问题。本书所研究的问题也仍有很多方面需要进一步深入研究。就本书所涉及的范围,笔者认为下一步需要进行深入研究的主要问题如下:

(1) 尝试建立一个供给和需求的分析框架,在此基础上进一步研究我国制造业的增长与效率问题。

(2) 选择部分制造业发达国家,研究其制造业的效率状况,并将其与我国制造业进行比较,从增长质量上找到我国制造业与发达国家制造业的差距。

(3) 关于制造业生产率增长的影响因素分析,由于受到数据的限制,一些其他的影响因素没有包括进来,诸如公共研发支出、人力资本构成、空间地理因素等都可能对制造业的生产率增长产生一定的影响,这也是下一步研究应该完善的部分。

参考文献

[1] 福建省“十一五”规划纲要.

[2] 黄茂兴,李军军,等.“十二五”时期海峡西岸经济区及国际热点研究[M].中国社会科学出版社,2010.

[3] 蔺雷.制造业发展与服务创新:机理模式与战略[M].科学出版社,2008.

[4] 孙林岩.全球视角下的中国制造业发展[M].清华大学出版社,2008.

[5] 格于布勒.技术与全球性变化[M].清华大学出版社,2003.

[6] 李京文,钟学艺.中国生产率分析前沿[M].社会科学文献出版社,1998.

[7] 刘绍东,宋振峰.信息与信息化社会[M].科学技术文献出版社,1996.

[8] 邓进.中国高新技术产业研发资本存量和研发产出效率[J].南方经济,2007(8).

[9] 岳书敬.长三角地区高技术产业创新效率的经验分析[J].南京社会科学,2008(5).

[10] 吴延兵.R&D存量、知识函数与生产效率[J].经济学(季刊),2006(4).

[11] 冯根福,刘军虎,徐志霖.中国工业部门研发效率及其影响因素实证分析[J].中国工业经济,2006(11).

[12] 俞立平.企业性质与创新效率:基于国家大中型工业企业的研究[J].数量经济技术经济研究,2007(5).

[13] 张红凤,周峰,等.环境保护与经济发展双赢的规制绩效实证分析[J].经济研究,2009(8).

[14] 杨礼琼,李伟娜.集聚外部性、环境技术效率与节能减排[J].软科学,2011(9).

[15] 朱平辉,袁加军,曾五一.中国工业环境库兹涅茨曲线分析——基于空间面板模型的经验研究[J].中国工业经济,2010(6).

[16] 傅京燕,张珊珊.中美贸易与污染避难所假说的实证研究——基于内含污染的视角[J].中国人口、资源与环境,2011(2).

[17] 杨礼琼,李伟娜.集聚外部性、环境技术效率与节能减排[J].软科学,2011(9).

[18] 吴玉鸣,田斌.省域环境库兹涅茨曲线的扩展及其决定因素——空间计量经济学模型实证[J].地理研究,2012(4).

[19] 涂正革.环境、资源与工业增长的协调性[J].经济研究,2008(2).

[20] 王群伟,周鹏,周德群.我国二氧化碳排放绩效的动态变化、区域差异及影响因素[J].中国工业经济,2010(1).

[21] 刘玉海,武鹏.能源消耗、二氧化碳排放与 APEC 地区经济增长[J].经济评论,2011(6).

[22] 孔元,冯冰.经贸、地理关联与地区间环境效率溢出[J].南方经济,2012(2).

[23] 沈能.环境效率、行业异质性与最优规制强度:中国工业行业面板数据的非线性检验[J].中国工业经济,2012(3).

[24] 卢明华,李国平,杨小兵.从产业链角度论中国制造业发展[J].中国科技论坛,2004(7).

[25] 董云庭.中国制造业竞争力分析[J].中国工业经济,2002(5).

[26] 吴艳霞,赵庆远.制造业发展趋势及我国发展状况分析[J].情报杂志,2005(12).

[27] 傅道臣.产业经济规模的测度与评价[J].经济科学,1994(3).

[28] 施蔚,杨加猛,佘光辉.基于 Cobb-Dauglas 函数的江苏木材加工产业规模效率评价[J].南京林业大学学报(自然科学版).2007(7).

[29] 朱顺林.中国区际分割的产业效率损失实证分析[J].经济地理,2006(1).

[30] 赵自芳,史晋川.中国要素市场扭曲的产业效率损失:基于 DEA 方法的实证分析[J].中国工业经济,2006(10).

[31] 孔翔,Robert E. Marks,万广华.国有企业全要素生产率变化及其

决定因素：1990－1994 [J]. 经济研究，1999(7).

[32] 涂正革，肖耿. 中国的工业生产力革命：随机前沿生产模型对中国大中型工业企业全要素生产率增长的分解及分析[J]. 经济研究，2005(3).

[33] 何维达，刘满凤. 入世后中国汽车工业安全度的 DEA 模型估算[J]. 首都经济贸易大学学报，2005(2).

[34] 王艺明. 我国高新区的技术效率、规模效率与规模报酬[J]. 上海经济研究，2003(8).

[35] 姚洋. 非国有经济成分对我国工业企业技术效率的影响[J]. 经济研究，1998(12).

[36] 姚洋，章奇. 中国工业企业技术效率分析[J]. 经济研究，2001(10).

[37] 刘小玄. 中国工业企业的所有制结构对效率差异的影响[J]. 经济研究，2000(2).

[38] 段福兴，于秀艳，綦振法. 基于 DEA 的信息产业效率分析与评价[J]. 华东经济管理，2002(5).

[39] 张海滨，綦振法，于秀艳. 基于平均横切效率的信息产业效率分析与评价[J]. 系统工程理论方法应用，2004(3).

[40] 刘志迎，叶蓁. 中国高技术产业各产业技术效率的实证分析[J]. 科学学与科学技术管理，2002(9).

[41] 刘树林，吴赐联. 基于 DEA 的电子及通信设备制造业的相对绩效分析[J]. 价值工程，2006(6).

[42] 陈伟，刘井建. 电子行业 15 家上市企业的创新效率变动分析[J]. 统计与决策，2007(6).

[43] 王小鲁. 中国经济增长的可持续性与制度变革[J]. 经济研究，2000 (7).

[44] 张军，施少华. 中国经济全要素生产率变动：1952－1998[J]. 世界经济文汇，2003(2).

[45] 李小平，朱钟棣. 中国工业行业的全要素生产率测算[J]. 管理世界，2005 (4).

[46] 何枫，陈荣，何林. 我国资本存量的测量及其相关分析[J]. 经济学家，2003 (5).

[47] 徐小钦，黄馨，梁彭勇. 基于 DEA 与 Malmquist 指数法的区域科技

创新效率评价——以重庆市为例[J].数理统计与管理,2009(6).

[48] 陈诗一.节能减排与中国工业的双赢发展:2009－2049[J].经济研究,2010(3).

[50] 董敏杰,李钢,梁泳梅.中国工业环境全要素生产率的来源分解——基于要素投入与污染治理的分析[J].数量经济与技术经济研究,2012(2).

[51] 吴三忙,李善同.中国制造业地理集聚的时空演变特征分析:1980－2008[J].财经研究,2010(10).

[52] 杨锋,梁樑,凌六一,查勇.并联结构决策单元的DEA效率评价研究[J].中国管理科学,2009(06).

[53] 李春顶.中国制造业行业生产率的变动及影响因素——基于DEA技术的1998—2007年行业面板数据分析[J].数量经济技术经济研究,2009(12).

[54] 毕功兵,梁樑,杨锋.资源约束型两阶段生产系统的DEA效率评价模型[J].中国管理科学,2009(02).

[55] 毕功兵,梁樑,杨锋.两阶段生产系统的DEA效率评价模型[J].中国管理科学,2007(02).

[56] 项本武.中国工业行业技术创新效率研究[J].科研管理,2011(01).

[57] 官建成,陈凯华.我国高技术产业技术创新效率的测度[J].数量经济技术经济研究,2009(10).

[58] 吴延兵.知识生产及其影响因素——基于中国地区工业的实证研究[J].世界经济文汇,2009(02).

[59] 史修松,赵曙东,吴福象.中国区域创新效率及其空间差异研究[J].数量经济技术经济研究,2009(03).

[60] 朱有为,徐康宁.中国高技术产业研发效率的实证研究[J].中国工业经济,2006(11).

[61] He,J. Pollution haven hypothesis and environmental impacts of foreign direct investment:The case of industrial emission of sulfur dioxide(SO_2)in Chinese provinces[J]. *Ecological Economics*,2006,60 (1).

[62] O'Donnell, C. J. , D. S. P. Rao & G. E. Battese. Meta-frontier frameworks for the study of firm-level efficiency and technology ratios[J].

Empirical Economics,2008,34(3).

[63] Murty,M. N. & S. Kumar,Dhavala. Measuring Environmental Efficiency of Industry:A Case Study of Thermal Power Generation in India [R]. 2006,MPRA Paper,No. 1693

[64] K. L. O' Brien & R. Leichenkob. Double exposure:assessing the impact of climate change within the context of economic globalization[J]. *Global Environmental Change*,2000,10 (3).

[65] P. Grimes & J. Kentor. Exporting the greenhouse:foreign capital penetration and CO_2 emissions 1980 - 1996[J]. *Journal of World Systems Research*,2003,9 (2).

[66] A. K. Jorgenson. The effects of primary sector foreign investment on carbon dioxide emissions from agriculture production in less developed countries[J]. *International Journal of Comparative Sociology*, 2007,48 (1).

[67] Marshall Afred. *Principles of Economics* [M]. London: Macmillan&Co. ,1920.

[68] Jacobs Jane. *The Death and Life of Great American Cities*[M]. New York:Vintage Books,1961.

[69] Fan S. Effects of technological change and institutional reform on production growth in Chinese agriculture [J]. *American Journal of Agricultural Economics*,1991,73.

[70] K. P. Kalirajan,M. B. Obwona & S. Zhao. A decomposition of total productivity growth:the case of Chinese agricultural growth before and after reforms [J]. *American Journal of American Agriculture*,1996,5.

[71] Chen K. et al. Productivity change in Chinese industry,1953 - 1985[J]. *Journal of Comparative Economics*,1998(12).

[72] R. Fare, et al. Productivity growth,technical progress and efficiency changes in industrialized countries[J]. *American Economic Review*, 1994(84).

[73] Groenewold N. ,Nagger A. J. Regional unemployment dynamics:the big neighbour effect[J]. *Australian Journal of Regional Studies*, 1995,(1).

[74] Dichey D. A. & Fuller W. A. Likehood ratio statistics for autoregressives time series with aunitroot[J]. *Econometrica*, 1981(49).

[75] Bernard A. & Durlarf S. Convergence in international output [J]. *Journal of Econometircs*, 1996. 71.

[76] Johanson Soren. Statistical analysis of co-integration vectors[J]. *Journal of Economic Dynamics and Control*, 1988, 12.

[77] M. J. Farrell. The measurement of production efficiency[J]. *Journal of Royal Statistical Society*, 1957(120).

[78] W. Meeusen & J. Vanden Broeck. Efficiency estimation from Cobb-Douglas production functions with compose error[J]. *International Economic Review*, 1977(18).

[79] D. J. Aigner, C. A. K. Lovell & Schmidt. Formulation and Estimation of stochastic frontier production function models[J]. *Journal of Econometrics*, 1977(6).

[80] G. E. Battese & G. S. Corra. Estimation of a production frontier model: with application to the pastoral zone of eastern australia[J]. *Australian Journal of Agricultural Economics*, 1977, 22(3).

[81] G. E. Battese & T. J. Coelli. A model of technical inefficiency effects in a stochastic production frontier for panel data[J]. *Empirical Economics*, 1995, 20.

[82] Young Alwyn. Gold into base metals: productivity growth within the People's Republic of China during the reform period[J]. *Journal of Political Economy*, 2003(111).

[83] Jefferson G. H., Rawski T. G. & Zheng Y. Growth, efficiency and convergence in China's state and collective industry[J]. *Economic Development and Cultural Change*, 1992(4).

[84] Xiao G. Managerial autonomy, fringe benefits, and ownership structure: a comparative study of Chinese state and collective enterprise [J]. *China Economic Review*, 1991(2).

[85] Groves et al. Autonomy and incentives in Chinese state enterprises[J]. *Quarterly Journal of Economics*, 1994(109).

[86] Huang Y. & X. Meng. China's industrial growth and efficiency:

a comparison between the state and TVE sectors[J]. *Journal of the Asia Pacific Economy*,1997(2).

[87] Chow G. Capital formation and economic growth in China. [J]. *Quarterly Journal of Economics*,1993(108).

[88] Jinlong Ma et al. Technical efficiency and productivity change of China's iron and steel industry [J]. Int. J. Production Economics, 2002,76.

[89] Kang H. Park & William L. Weber. A note on efficiency and productivity growth in the Korean banking industry, 1992 - 2002[J]. *Journal of Banking & Finance*,2006,30.

[90] Malcolm Abbott. The productivity and efficiency of the Australian electricity supply industry [J]. *Energy Economics*,2006,28.

[91] Heru Margono & Subhash C. Sharma. Efficiency and productivity analyses of Indonesian manufacturing industries[J]. *Journal of Asian Economics*,2006,17.

[92] Michio Watanabe & Katsuya Tanaka. Efficiency analysis of Chinese industry:a directional distance function approach [J]. *Energy Policy*, 2007,35.

[93] Wu Yanrui. Technical efficiency and firm attributes in the Chinese iron and steel industry[J]. *International Review of Applied Economics*,1996,10(2).

[94] Anselin, L. *Spatial Econometrics: Methods and Models*[M]. Dordrecht,Netherland:Kluwer Academic Publishers,1998.

[95] Andersen Per & Petersen N. C. A procedure for ranking efficient units in data envelopment analysis [J]. *Management Science*, 1993,39.